Johanna Spyri

Rosenresli

und andere Geschichten für Kinder
und solche, die Kinder lieb haben

Rheinburg Bücherei

Einbandbild: Karin Wiesmann
Text nach der Ausgabe
von Alexander Troll
Lektorat: Urban Offenbach

Gesamtherstellung: Mladinska knjiga, Ljubljana

Rosenresli

Zur Zeit der Rosen

Dietrich, der Dorfweibel oder Bote in Wildbach, der früher ein ordentliches Anwesen besessen hatte, war seit einigen Jahren sehr heruntergekommen und hatte dadurch auch Amt und Brot verloren. Seine einzige Beschäftigung bestand darin, hier und da auf seinem unbebauten Acker einige Büschel Gras abzureißen, die er der mageren Geiß als Mittagsmahl heimbrachte. Für ihn und sein Pflegekind gab's dann nur einige Kartoffeln und ein wenig Milch. Nach Tisch verschwand Dietrich und erschien erst gegen Abend wieder, um die Geiß zu melken. Dann sah man ihn daheim nicht mehr. Jedermann wußte, daß er bis spät in die Nacht hinein im Wirtshaus saß und daß ihm gar bald Haus und Acker und Geiß genommen werden würden, um seine Schulden damit zu bezahlen. Solange seine Frau gelebt hatte, war alles noch besser gegangen. Sie hatten mehr Feld und eine Kuh gehabt, und früh bis spät hatte die Frau treulich gearbeitet. Eigene Kinder hatten sie nie gehabt; aber ein verwaistes Schwesterkind von Dietrich lebte seit drei Jahren bei ihnen. Vor einem Jahr hatte er seine Frau verloren, und seither war es so rasch abwärts mit ihm gegangen, daß sich nur jeder über das frische, blühende Aussehen des Kindes wundern mußte. Es war jetzt acht Jahre alt und hieß überall nur das Rosenresli; es wurde niemals gesehen, ohne daß es ein Röslein in der Hand oder vorgesteckt hatte. Resli — Therese war sein ursprünglicher Name — hatte ein solches Wohlgefallen an den Rosen, daß es mit seinen fröhlichen blauen Augen so lange in jeden Garten, worin Rosen standen, hineinschaute, bis die Leute darin freundlich riefen: „Willst eine?" Und freudestrahlend steckte Rosenresli die kleine Hand durch das Gitter und nahm dankbar seinen Schatz in Empfang. So sah man das Kind immerfort von Rosen umgeben, und jedermann kannte das blühende Rosenresli und hatte es gern. Den Onkel sah es nicht viel. Am Morgen ging es zur Schule. Mittags sagte er gewöhnlich: „Ich komme nicht heim am Abend, du findest wohl noch etwas zu essen." Aber der Schrank war immer leer, und es war gut, daß hier und da ein Kind in der Schule dem Rosenresli Äpfel oder Birnen, auch wohl ein Stück Brot schenkte, und selbst wenn es oft hungern mußte, konnte es doch immer frei dahin und dorthin laufen, wo die Rosen standen, und über dieser Freude vergaß es alles andere.

Auch heute hatte das Kind kein Abendessen gefunden; dennoch sprang es jetzt glücklich über die Wiesen. Es war ein lichter Sommerabend. Die Schmetterlinge flatterten auf und nieder in der blauen Luft, und hoch oben flogen die Schwalben im Kreis herum und zwitscherten so sommerlich, und ringsum in den Wiesen zirpten so fröhlich die Grillen, daß dem Rosenresli immer froher zumute wurde und es immer höher sprang, als wollte es mit den Schmetterlingen auffliegen. So kam es in kurzer Zeit bei dem Garten an, der draußen am Waldhügel lag und immer die schönsten Rosen hatte. Der Garten war von einem hölzernen Zaun umgeben, und Rosenresli schaute sehnsüchtig hinein.

„Komm nur herein", rief eine Stimme hinter den Bäumen, „ich weiß schon, wonach du suchst; heut sollst du auch Rosen haben."

Rosenresli ließ sich das nicht zweimal sagen. Eilends trat es ein, ging auf das duftende Rosenbeet zu und schaute bewundernd auf die Menge der roten und weißen, hellen und dunklen Blumen, die durcheinander glühten und dufteten. Jetzt trat die Frau Gemeindevorsteher, die Besitzerin des Gartens, heran. Sie war es, die dem Resli schon manche Rose gegeben und es eben hereingerufen hatte.

„Du kommst gerade recht heut, Resli", sagte sie. „Du sollst einen ganzen Strauß haben; aber manche Rose will schon abfallen, siehst du. Du mußt dann ein wenig behutsam sein und nicht so hoch aufspringen, sonst fallen den Rosen alle Blätter ab, eh du nur daheim bist."

Nun schnitt die Frau behutsam hier eine Rose ab und dort eine und wieder ein paar, helle und dunkle, rote und weiße, bis ein dicker, großer, prachtvoller Strauß daraus wurde. Aber hier und da fielen schon die duftigen Blätter zu Boden, und die kahlen Stiele standen zwischen den anderen Blumen so traurig da, daß Rosenresli ganz erschrocken schaute.

„Siehst du! Siehst du!" sagte die Frau mahnend. „Ganz langsam mußt du nach Hause gehen, sonst bringst du nicht drei davon mit den Blättern heim." Rosenresli bedankte sich schön und machte sich auf den Rückweg. Dieser führte sie an einem armseligen Häuschen vorüber. Dort wohnte die „Sorgenmutter", die stille Frau mit dem abgehärmten Angesicht; Rosenresli hatte sie stets nur so nennen gehört und ahnte nicht, daß sie noch einen anderen Namen hatte.

„Sorgenmutter", rief Resli, als sie die Alte am Fenster erblickte, „schaut doch! Habt Ihr schon einmal solche Rosen gesehen?"

„Nein, Resli, schon lange nicht mehr", erwiderte die Frau, und das Kind zog weiter, ganz versunken in den Duft und Glanz seiner Blumen. Beim letzten Haus am Weg wollte Resli eben abbiegen, als die Frau des Hauses, die Kreuzwegbäuerin, heraustrat und, ihre beiden festen Arme in die Seite gestemmt, das Kind betrachtete.

„So, so, das ist ein rechtes Rosenresli heut“, rief sie ihm nach, „komm, zeig mir deine Schätze in der Nähe.“

Rosenresli kehrte rasch um und hielt voller Freude der Frau den Strauß hin. Aber bei der schnellen Bewegung fielen die Blätter von drei, vier Rosen ab und flatterten auf den Boden. Resli schaute ihnen traurig nach. „Schade“, sagte die Frau, „die wären gerade recht für mich. Kind, gib mir deine Rosen, und du sollst ein gutes Stück Brot dafür haben. Du bringst sie doch nicht mehr weit, bis du heimkommst, hast du nur Stiele in der Hand. Komm, gib sie.“

„Alle meine Rosen und keine behalten?“ fragte Resli ganz betroffen.

„Eine kannst du behalten; sieh diese, die anderen fallen gleich ab. Komm, leg sie da hinein, die dürfen nicht verloren gehen“, und die Bäuerin hielt ihre Schürze hin. Resli legte seine Rosen hinein, bis auf die eine, die steckte es vorn in sein Kleidchen, wo ihm fast immer ein Röslein saß. Nun trat die Bäuerin ins Haus ein und kam bald wieder zurück mit einem großen Stück Brot in der Hand, bei dessen Anblick das Kind auf einmal merkte, daß es tüchtigen Hunger hatte. „Hör, Resli, ich will dir einen guten Rat geben“, sagte die Bäuerin, indem sie dem Kinde das Brot übergab, „nimm ein Körbchen, geh jeden Abend dahin, wo es Rosen gibt, und bitte um die, die abfallen wollen. Dann leg sie gleich ins Körbchen, daß du die Blätter nicht verlierst, denn gerade diese brauche ich, und jeden Abend, wenn du mir ein hübsches Häufchen Blätter bringst, kriegst du ein gutes Stück Brot; willst du?“

„Ja, gern“, sagte Rosenresli, machte sich auf den Heimweg

und verzehrte dabei mit Wohlbehagen sein Brot. Als das Kind wieder am Häuschen der Sorgenmutter vorbeiging, kam diese gerade heim, ihr Bündelchen zusammengelesenes Holz auf dem Rücken tragend.

„Wo hast du deine schönen Rosen?“ fragte sie, als das Kind vor ihr stand. Resli erzählte ihr den ganzen Hergang der Sache, und wie es nun jeden Tag der Kreuzwegbäuerin Rosenblätter bringen wollte.

Die Frau hatte nachdenklich zugehört. Jetzt sagte sie schüchtern: „Resli, kommst du morgen zu mir, ehe du der Bäuerin die Rosen bringst? Ich möchte dich dann gern etwas fragen.“

„Ja, das will ich tun, und schlaf wohl, Sorgenmutter!“ Damit zog Resli seines Weges. Bei dem abgelegenen Häuschen des Onkels angelangt, trat es in die stille, einsame Stube ein. Es verschloß keine Tür, zündete kein Licht an. Wie ein Vöglein suchte es in der Dämmerung sein Nest und schlief bald friedlich ein. Dann träumte es von seinen Rosen, bis die helle Sonne es wieder aufweckte.

Eine kleine Helferin und große Hilfe

Die Frau, der die Leute den Namen Sorgenmutter gegeben hatten, war eine sehr arme Witwe. Sie hatte einmal bessere Tage gesehen und war nicht gewohnt zu betteln. Sie darbte und litt ganz in der Stille, klagte nur dem lieben Gott ihre Not und suchte bei ihm allein den Trost, dessen sie bedurfte. Ihr Mann, der ein Schneider gewesen, war früh gestorben und hatte ihr einen Sohn hinterlassen. Dieser sollte, wie sein Vater, Schneider werden. So hatte der Vormund des Knaben festgesetzt, und der hatte die Sache zu entscheiden. Joseph wollte aber nicht in diesem Beruf arbeiten, er lief oft fort und kam erst spät in der Nacht oder gar nicht heim. So geriet er in schlechte Gesellschaft. Der Vormund, der auch Gemeindevorsteher war, drohte, wenn er jetzt nicht arbeiten und gut tun wollte, so würde er in eine Anstalt geschickt. Da wurde Joseph sehr aufgebracht und sagte, er könnte schon arbeiten, wenn man ihn tun ließe, was er wolle, und in die Fremde gehen könnte er, ohne daß man ihn schicken müßte. Dann verschwand er und kam gar nicht wieder. Die Mutter grämte sich sehr. Sie übergab ihr Kind dem lieben Gott. Die Leute im Dorf spotteten: „Was hilft es ihr, daß sie so viel gebetet hat? Jetzt sitzt sie mit ihren Sorgen im Elend, und der Joseph wird wohl draußen auch elend umkommen.“ Dann antwortete sie: „Und wenn ich auch eine Sorgenmutter bis ans Ende bleiben und im Elend sterben muß, so will ich doch das Vertrauen nicht verlieren, daß der Joseph noch auf den rechten Weg kommt; denn ich habe ihn von Anfang an und immer wieder dem lieben Gott übergeben und habe soviel für ihn gebetet, daß es nicht vergeblich sein kann.“ Rosenresli machte sich am nächsten Tag, sobald die Schule zu Ende war, wieder auf den Weg. Ein Körbchen besaß das Kind nicht, es wollte die Rosen in seine Schürze packen. In fröhlichen Sprüngen langte es bei dem großen Garten an, wo die Frau Gemeindevorsteher zwischen ihren Blumen hin- und herwanderte.

„Hättest du gern wieder Rosen, Resli?“ rief sie dem Kinde zu. „Komm herein, eine oder zwei wird's wohl wieder geben.“

„Nur von denen, die abfallen wollen“, sagte Resli und hielt sein Schürzchen hin, damit heute auch nicht ein Blatt auf den Boden falle.

„Ja, wenn du's so meinst, dann bekommst du die ganze Schürze voll! Komm hier herüber.“ Und die Frau führte das

Kind an ein großes Beet voller Rosen, die aber alle weit offen standen oder schon halb entblättert waren. Hier schnitt sie so viele ab, daß Rosenresli die ganze Schürze voll hatte.

„Darf ich morgen wiederkommen?“ fragte Resli erwartungsvoll.

„Das kannst du“, erwiderte die Frau, „die verblühenden Rosen sollst du alle haben, wenn du Freude daran hast.“

Rosenresli dankte und lief freudig davon. Am verfallenen Häuschen der Sorgenmutter angelangt, erinnerte sich das Kind des Versprechens, zu ihr zu kommen. Es trat in das niedere Stübchen, wo die Sorgenmutter am Spinnrad saß. Sie begrüßte Resli mit großer Freundlichkeit. Dann ging sie an ihr Fenster und schnitt von dem kleinen Rosenstock, der da stand, zwei rote Röschen ab und hielt sie dem Kind hin.

„Siehst du, Resli“, sagte sie zögernd, „ich habe dich fragen wollen, ob du nicht die zwei Röslein auch mitnehmen möchtest; vielleicht gibt die Bäuerin auch dafür noch ein wenig Brot, wenn auch nur ein kleines Stück. Willst du das tun, Resli?“

„Ja, ja“, rief das Kind schnell, „dann will ich Euch gleich das Brot bringen. Ich bin bald wieder da.“

Die Kreuzwegbäuerin stand an dem Mäuerchen beim Gemüsegarten vor dem Hause und blickte bald in den einen bald in den anderen der Körbe, die auf der Mauer standen, in denen die schön duftenden Rosenblätter ausgebreitet waren, die in der Sonne trocknen sollten. Die Bäuerin machte ein wohlriechendes Rosenwasser, und dazu brauchte sie sehr viele Rosenblätter, die gar nicht so leicht zu haben waren.

„So ist's recht“, sagte sie vergnügt, als Rosenresli kam und seine Schürze aufmachte, „heute sollst du ein tüchtiges Stück Brot haben.“

„Da habe ich noch zwei“, sagte Resli und hob die Röslein

von der Sorgenmutter in die Höhe.

„Wirf sie nur zu den anderen, sie sind zwar mager, aber ein paar Blätter haben sie doch.“

„Aber ich hätte gern ein besonderes Stück Brot dafür“, sagte Resli und hielt sie immer noch fest in der Hand.

„Ich weiß schon“, sagte die Bäuerin, ins Haus tretend, „ich war auch einmal so; da tauschen sie hin und her in der Schule, ein Stück Brot gegen eine Birne oder ein paar Pflaumen, ich weiß es, Resli. Da nimm, das ist das große Stück für die Rosen in der Schürze, und hier das kleine für die zwei zum Tauschen. Bist du zufrieden so?“

„Ja, ja, gewiß“, versicherte Resli, dankte vielmals und trat den Rückweg an. Das kleine Stück Brot für die Sorgenmutter legte es in die Schürze, und in das große biß Resli gleich mit Verlangen. Zu Mittag hatte es wenig gegessen, und abends gab's nichts mehr. So wurde das ganze Stück zu Ende gebracht, noch bevor Resli beim alten Häuschen angelangt war. Jetzt war es erreicht. Das Kind trat ein: „Da, Sorgenmutter, hier ist das Brot!“ rief Resli.

Die Frau nahm des Kindes Hand und drückte sie dankbar: „Du weißt nicht, was du mir Gutes tust, Resli“, sagte sie. „Siehst du, draußen im Gärtchen habe ich Erdäpfel, die sind meine einzige Nahrung. Aber oft kann mein Magen sie nicht vertragen. Brot ist mir zu teuer, und wenn ich dann fast nichts esse, werde ich so schwach, daß ich nicht mehr am Spinnrad arbeiten kann. Darum bin ich froh über dein Brot, Resli, und danke dir herzlich dafür.“

Jetzt reute es das Rosenresli, daß es der Sorgenmutter nur das kleine Stück Brot gebracht und das große sich behalten hatte, und es mußte immer in seinem Herzen denken: Oh, hätte ich doch nur das kleine und nicht das große Stück gegessen! Die Sorgenmutter meinte, Resli hätte gewiß noch

Hunger, und wollte ihm durchaus das Stück Brot wiedergeben. Aber Resli rief: „Nein, nein, ich will nicht, ich habe schon genug. Morgen komme ich wieder!" Und fort war es.

Am folgenden Abend kam es pünklich wieder. Noch einmal hatte ihm die Frau Gemeindevorsteher die Schürze mit Rosen gefüllt, und noch einmal hatte die Sorgenmutter zwei Röslein vom Stock brechen und dem Resli mitgeben können. Als es damit bei der Kreuzwegbäuerin anlangte und diese die Rosen aus der Schürze nahm, sagte Resli: „Kann ich heute nur ein Stück Brot haben, aber so groß, wie die zwei zusammen?"

„Siehst du, ich hab's wohl gedacht!" entgegnete die Bäuerin, „jetzt hast du's gemerkt, daß es schade ist, das gute Brot gegen Äpfel und Birnen zu tauschen. Es ist recht, behalt's nur, und heute ist's auch ganz frisch, und du sollst ein schönes Stück haben; komm mit mir."

Die Bäuerin trat in ihre Küche und schnitt hier von dem großen Laib Brot ein so mächtiges Stück herunter, wie Resli in seinem Leben noch keins in der Hand gehalten hatte. Schnell lief es zur Sorgenmutter und legte freudestrahlend das ganze Stück in ihre Hand; keinen Bissen hätte das Kind heute davon genießen können. Wie ein Druck hatte es ihm immer noch auf dem Herzen gelegen, daß es das größere Stück behalten und das kleine der Sorgenmutter gebracht hatte. Jetzt leuchtete es völlig vor Freude, als die Alte mit verwunderten Blicken ihr Stück Brot maß. Sie hielt es dem Kinde wieder hin.

„Was ist das, Resli? Das ist gewiß dein Brot, komm, nimm es! Wenn du mir ein kleines Stück davon abbrechen willst, so will ich dir's danken."

„Nein, nein, ich nehme kein einziges Bröcklein", rief das Kind. „Gute Nacht, und morgen komme ich wieder!"

„Ich habe ja keine Rosen mehr, Resli. Ich danke dir. Du weißt nicht, was du mir Gutes getan hast!"

Die Frau hatte Tränen in den Augen, als sie dem Kind nachrief. Das hatte Resli wohl gesehen, und einen Augenblick war es ganz nachdenklich geworden. Aber nun kam ihm etwas in den Sinn, und das Resli war wieder froh in seinem Herzen, sang und sprang vor Freuden und dachte sich schon aus, was es morgen tun wollte.

Die Frau Gemeindevorsteher hatte bald keine Rosen mehr, aber Resli wußte von seinen Streifzügen her noch so viele Gärten, daß es gar keine Sorgen hatte, Rosen zu finden, und es war so flink und leichtfüßig, daß ihm kein Weg zu weit war. So brachte es jeden Abend eine Schürze voll Rosen zur Bäuerin und erhielt jedesmal sein Stück Brot, das eher größer als kleiner wurde, denn die Bäuerin war mit Reslis Leistungen sehr zufrieden. Die Nachbarin, die auch Rosenwasser bereitete, guckte zuweilen mit etwas Neid herüber, wenn sie das Resli seine vollen Schürzen ausschütten sah, und sagte, es wäre kein Wunder, wenn die Kreuzwegbäuerin besseres Rosenwasser machen könnte als sie selbst.

Von dem Brot aber aß Resli niemals mehr; alles mußte die Sorgenmutter annehmen, wie diese sich auch wehrte und durchaus mit dem Kinde teilen wollte. Aber von Zeit zu Zeit fragte es dann: „Sorgenmutter, tut das Brot Euch gut?" Dann erzählte sie ihm wieder und wieder, wieviel kräftiger sie sich fühlte, seitdem sie täglich Brot hätte, wieviel mehr sie spinnen und dadurch verdienen könnte, so daß sie im Winter nicht wie sonst werde frieren müssen.

Zum Schluß sagte sie dann immer: „Wenn ich dir doch einmal vergelten könnte, was du an mir tust, Resli!"

Aber Reslis Gesicht glänzte dann so vor Freude, daß man sehen konnte, es hatte schon die beste Belohnung erhalten.

So ging es fort, bis die Rosenzeit zu Ende war, und als eines Abends Resli weit umher gelaufen war und vergebens in alle Gärten hineingespäht hatte und am Ende auch nur noch drei halbverwelkte Röslein zu der Bäuerin brachte, sagte diese: „Es ist aus mit den Rosen, aber übers Jahr bringst du mir wieder deine schönen Sträuße.“

Diese Worte machten einen Eindruck auf das Resli, wie ihn die Bäuerin gar nicht erwartet hatte. Sie nahm an, ein solches Kind bekäme da und dort etwas von guten Leuten, an ihrem Stück Brot wäre ihm nicht soviel gelegen. Aber Resli dachte an die Sorgenmutter und was nun aus ihr würde, wenn sie wieder nichts als ihre wenigen Kartoffeln zu essen hätte. Die großen Tränen kamen ihm in die Augen, wie es nun sah, daß es mit den Rosen aus war.

„Nein, nein, mußt nicht weinen, Resli“, sagte die Bäuerin mitleidig. „Versprich, daß du mir nächsten Sommer wieder so viele schöne Rosen schenken willst, und du sollst den ganzen Winter hindurch täglich dein Stück Brot haben. Willst du?“ Da waren die Tränen schnell getrocknet, und Resli strahlte vor Freude.

„Ja, gewiß will ich, und alle, alle Rosen sollt Ihr haben und auch Vergißmeinnicht.“

„Das ist nicht nötig, aber die Rosen — vergiß es nicht! Da hast du dein Stück Brot, und jetzt kommt die Zeit der Äpfel, davon sollst du auch haben, da, Resli!“ Und die Bäuerin langte nach einem großen, rotwangigen Apfel und hielt ihn samt dem Stück Brot dem Kinde hin. Im höchsten Glück lief Resli mit seinen Schätzen davon, und befriedigt schaute ihm die Bäuerin nach. Sie hatte das Resli gern und freute sich, daß es so froh war. Dazu war es ihr auch recht, daß sie sich schon für den kommenden Sommer der schönsten Rosen versichert hatte. Sie hatte wohl bemerkt, wie die Nachbarin immer nach ihren Rosenblättern herübergeschaut hatte, und es war ihr ein wenig Angst geworden, die Nachbarin könnte ihr für den folgenden Sommer das Resli abtrünnig machen; denn sie mußte wohl entdeckt haben, daß es die schönen Rosen herbeibrachte.

Auch die Sorgenmutter hatte einen frohen Abend. Als Resli, das immer Sonnenschein in die einsame Stube der Alten brachte, alles berichtet hatte, was mit der Bäuerin ausgemacht worden war, da faltete die Sorgenmutter die Hände und dankte still dem lieben Gott, der ihr das Kind wie einen Engel zugesandt hatte, und daß sie nun dem gefürchteten Winter mit soviel weniger Angst und Sorgen entgegensehen konnte.

Rosenreslis Kummer

Einige Tage nachher wollte es scheinen, als hätte sich eine wunderliche Veränderung zugetragen, als hätten die Sorgenmutter und das Rosenresli ihre Art miteinander vertauscht. Die Frau saß mit stillem, fröhlichem Angesicht an ihrem Spinnrad. Da trat Resli bei ihr ein und sah so betrübt aus, als hätte es etwas erlebt, das ihm für alle Zeit jede Fröhlichkeit nehmen müßte.

„Was hast du, Resli, was hast du?" fragte erschreckt die Sorgenmutter.

„Ich habe ein Loch im Rock", kam es mit ziemlich grimmigem Ton aus ihm heraus, „und in der Schule haben die Kinder mich ausgelacht. Sie sind hinter mir hergelaufen und haben alle laut gesungen und dann immer noch lauter:

„Rosenresli, Rosenstock,

Rosenresli, Loch im Rock!"

Und bei der Erinnerung an die Schande, die es erdulden mußte, fielen dem Resli große Tränen die Wangen herunter.

„Es ist nicht schön, wenn die Kinder dich auslachen. Vielleicht war's aber nicht so bös gemeint. Komm her, Resli, zeig mir den Schaden! — Wir wollen ihn wieder in Ordnung bringen", tröstete die Sorgenmutter.

Resli trat zu ihr hin, und sie hatte nicht lange nach dem Loch zu suchen, es war sehr groß. Das Kind mußte sich auf einen Schemel setzen, die gute Alte holte Faden und Nadel und fing sofort die Arbeit an.

Aber Resli konnte seinen Kummer immer noch nicht vergessen und schluchzte laut.

„Tröst dich jetzt, Resli", sagte die Sorgenmutter freundlich, „solches Leid soll dir nie mehr widerfahren. Ich will jeden Abend dein Röcklein genau ansehen und jedes kleine Loch gleich flicken. Und wenn du mal hängen bleibst und es reißt, so komm nur schnell zu mir, dann mach ich's gleich wieder gut. Kannst du jetzt wieder fröhlich sein?"

„Ja, nun kann ich's schon", sagte Resli erleichtert und wischte seine Tränen fort; „aber ich habe gedacht, jeden Morgen muß ich mit dem Loch in die Schule, und dann laufen sie mir alle Tage nach und singen hinter mir her:

„Rosenresli, Rosenstock" —

Und dann habe ich gedacht, ich wollte nie mehr in die Schule gehen."

„Doch, doch, Resli, das mußt du, das ist ein Gesetz, und ein gutes, sonst würdest du ja nichts lernen. Und siehst du, keiner darf gleich davonlaufen, wenn ihn ein Leid trifft. Wir müssen auch stillehalten und es tragen, weil der liebe Gott uns immer dadurch etwas lehren will, was wir sonst nicht lernen würden. Denn wenn wir recht in Leid und Traurigkeit sind, dann suchen wir Rat und Trost bei ihm und lernen ihn kennen, und dann kommt eine Zuversicht in unser Herz, weil wir merken, wir haben einen Vater im Himmel, der uns beisteht und hört, wenn wir rufen. Betest du auch zu ihm, Resli?"

Das Kind besann sich ein wenig, dann sagte es: „Ja, in der Schule."

„Was betest du in der Schule?"

Resli fing an, und ohne Atem zu holen, als dürfte sie den Sinn der Worte nicht verlieren, sagte es schnell hintereinander:

„Lieblich ist die Morgenstunde,
wenn man sie mit Gott beginnt:
Freud' im Herzen, Dank im Munde
ziemet einem Menschenkind."

Dem Resli war der Sinn entfallen, so wußte es auch keine weiteren Worte mehr.

„Es ist ein schönes Verslein, du hast es nur ein wenig geschwind gesagt, Resli. Hast du auch bedacht, was es dir sagen will?"

„Nein, das hab ich nicht", erwiderte Resli.

„Siehst du, das heißt, daß du am Morgen, wenn du erwachst, zuerst an den lieben Gott denken und dich freuen und ihm danken sollst, daß er dich die ganze Nacht durch behütet hat. So betet man am Morgen. Aber weißt du auch ein Gebetlein für den Abend?"

„Nein, ich weiß keines."

„Dann kannst du nur aus deinem Herzen zum lieben Gott

beten und ihn um Verzeihung bitten, wenn du am Tage etwas Unrechtes getan hast, und ihn bitten, daß er dir helfe, daß du's nicht wieder tust. Siehst du, Resli, wenn man so recht zum lieben Gott hat beten können, wird man wieder ganz froh. Wenn ich das nicht immer täte, so wäre ich schon lange vor Kummer gestorben."

„Warum?" fragte Resli verwundert.

„Ja, siehst du, ich habe Ursache genug. Ich bin ja sehr arm und habe kaum zu leben. Auch habe ich ein Kind draußen in der Welt, einen Sohn, und weiß nichts von ihm. Vielleicht verdirbt er im Elend, oder ist schon umgekommen; und wenn ich ihn nicht, wie in der ersten Stunde seines Lebens, jetzt alle Abende dem lieben Gott befehlen und ihm sagen könnte: ‚Er ist doch dein, hilf du ihm!' — so könnte ich vor Angst nie einschlafen. Wenn ich so gebetet habe, dann kommt wieder Trost und Zuversicht in mein Herz."

„So will ich Euch auch für Euren Joseph beten helfen", sagte Resli.

„Das freut mich, Kind, das freut mich; und wenn du für den Joseph betest, so wird es auch dir zugute kommen, das weiß ich, und du kannst es brauchen."

„Warum?" fragte Resli wieder.

„Sieh, Kind", hob die Sorgenmutter liebevoll, aber ein wenig ängstlich an, „dein Onkel hat übel gewirtschaftet, man sagt, Haus und Acker werden ihm bald genommen. Dann mußt du zu fremden Leuten, und da gibt's viel Arbeit und wenig gute Worte. Das kennst du noch nicht, und da ist's gut, wenn du den Weg zum lieben Gott weißt, daß du ihm alles klagen und Trost bei ihm holen kannst."

„Ich will dann zu Euch kommen und bei Euch wohnen", sagte Resli, eher erfreut als geängstigt.

„Ach, du gutes Kind, ich könnte dich ja gar nicht ernähren. Es wird ganz anders kommen; aber wir wollen es dem lieben Gott befehlen, der wird dich versorgen. So, nun ist alles geflickt, Resli", schloß die Sorgenmutter, die während des Gesprächs das Röcklein des Kindes um und um untersucht und ausgebessert hatte. „Wenn's nun wieder fehlt, so komm zu mir, dann helfe ich wieder."

Resli bedankte sich schön und sprang mit erleichtertem Herzen davon. Nun konnte es in der Schule nie wieder ausgelacht werden, und diese Sicherheit beglückte Resli so sehr, daß es darüber ganz die Mitteilung der Sorgenmutter vergaß, wie es vielleicht bald zu fremden Leuten gehen und viel Arbeit verrichten müsse.

Sein Versprechen vergaß Resli nicht. Als es sich zum Schlaf niederlegte, betete es ganz laut und von Herzen: „Lieber Gott, hilf auch dem Joseph!" –

Es folgte ein langer, harter Winter. Die Sorgenmutter mußte zwar viel frieren, aber nie hungern wie in den Jahren vorher, und so erhielt sich ihre schwache Gesundheit. Rosenresli war ihre Stütze und ihr Ernährer. Es hatte im Spätherbst gesehen, daß die Sorgenmutter mit der größten Anstrengung ein Bündelchen Holz heimgeschleppt hatte. Seitdem war es jeden Tag in den Wald gelaufen und hatte soviel Holz gesucht, daß die Sorgenmutter alle Tage in ihrem Stübchen Feuer machen und in dem kleinen Ofen ihre Brotsuppe kochen konnte. Jeden Abend nach der Schule, trotz Kälte, Sturm und Schneegestöber, erschien Rosenresli bei der Kreuzwegbäuerin, manchmal ganz blau vor Kälte und an allen Gliedern zitternd. Es hatte wohl ein anderes Röcklein für den Winter bekommen, aber kein recht warmes, und nur ein dünnes Tuch um Hals und Schultern. Wenn dann die Bäuerin das Kind vor

Kälte so zittern und klappern sah, dachte sie, es müßte recht Hunger leiden, daß es um des Stückchens Brotes willen durch Sturm und Unwetter gelaufen komme. Das machte sie mitleidig, und sie schnitt tief ins Brot hinein, so daß das Stück größer wurde als je eines im Sommer gewesen war. Aber das Kind trug alles zur Sorgenmutter und schlug deren Bitte, die Hälfte selbst zu essen, beharrlich aus. Ging Resli auch oft hungrig zu Bett, so freute es sich, daß die Sorgenmutter keine Not litt, und betete: „Lieber Gott, hilf auch dem Joseph!" – und schlief fröhlich ein.

Sein Röcklein blieb auch den ganzen Winter unter der Obhut der Sorgenmutter ohne Schaden, und kein Schulkind lachte und spottete mehr hinter Rosenresli her.

Keine Sorgenmutter mehr

Der Sommer war wieder da, und in allen Gärten blühten und dufteten die Rosen. In allen Beeten standen sie in Fülle, die jungen Bäumchen trugen eine ganze Last von Blumen, und von allen Fenstern nickten sie aus den Töpfen nieder. Es war ein richtiges Rosenjahr. Der Sommerabend lag glänzend über Wildbach und all den Wiesen und Wäldern ringsum.

Dietrichs Häuschen war von der goldenen Abendsonne beschienen und schimmerte ganz lachend ins Land hinaus. Davor aber standen zwei Männer mit bedenklichen Angesichtern. Der eine war der Onkel Dietrich. Er wußte, daß ihm morgen Häuschen, Acker und Geiß genommen würden und daß er trotzdem noch tief in Schulden blieb.

Er steckte beide Hände in die Taschen und sagte voller Ärger: „Ich geh fort, ich will von allem nichts mehr wissen."

„Mußt nur nicht vergessen, daß man dich finden wird", sagte der andere. „Das Kind will ich zu mir nehmen. Es kann freilich nicht arbeiten, du hast es umherlaufen lassen. Ich will's schon lehren, die Hacke führen. Nach der Schule sind noch viele Stunden, da soll es mir helfen."

„Es ist noch jung", sagte der Onkel.

„Desto gelehriger", entgegnete der andere und ging seines Weges.

Es war der Wegknecht von Wildbach, der auf allen Wegen das Unkraut auszuhacken und wegzuschaffen hatte. Alle Kinder fürchteten ihn und gingen ihm aus dem Wege. Er war sehr bös und rauh und sagte niemals ein freundliches Wort.

Zu diesem Mann sollte nun morgen früh das Rosenresli kommen. Er hatte keine eigenen Kinder, und es war ihm gerade recht, ein solches Kind zu sich zu nehmen, das allerlei Handlangerdienste bei ihm verrichten konnte.

Das Kind selbst ahnte nichts von allem, was die Männer beschlossen hatten. Eben jetzt wanderte es getrost durch die Wiesen, weit über Wildbach hinaus der Mühle zu. Dort stand der Garten voll der prächtigsten Rosen, und die Müllerin hatte dem Resli einen großen Strauß versprochen. Bald darauf sah man das Kind mit seinen Rosen in der Hand wieder fröhlich dieselbe Straße durch den goldenen Abendschein zurückwandern. Es war noch nicht lange gegangen, als ein junger Mann in raschem Schritt hinter ihm herkam. Er hielt seinen Strohhut in der Hand und ließ die frische Abendluft kühlend seinen Kopf umwehen.

„Du hast schöne Rosen", rief er, als er Resli eingeholt hatte, „gibst du mir auch eine auf meinen Hut?"

Resli nickte bejahend und zog eine heraus.

„Das ist brav von dir, du gibst mir die allerschönste", sagte der Fremde, indem er sie wohlgefällig auf seinen Hut steckte. „Wie weit willst du noch?"

„Ich gehe heim nach Wildbach", war die Antwort.

„So, dann gehen wir den gleichen Weg", sagte der Wanderer und ging neben Resli her. „Wenn du von Wildbach bist, so kennst du wohl die Leute dort und kannst mir etwas sagen: Lebt auch die gute Frau Steinmann noch und ist sie gesund?"

„Die kenn ich nicht", erklärte Resli, „niemand heißt dort so."

„Ach Gott! Ach Gott!" seufzte der Fremde und schwieg.

Resli schaute verwundert zu ihm auf. Von Zeit zu Zeit wischte er eine Träne fort und sah nicht mehr so fröhlich aus wie vorher.

Nachdem sie lange still nebeneinander hergegangen waren, fing der Fremde wieder an: „Weißt du den Weg zur Kreuzwegbäuerin?"

Das Resli nickte sehr entschieden: „Alle Tage gehe ich dorthin."

„So sag mir, wer wohnt jetzt in dem elenden alten Häuschen dort links am Wege, wo der krumme Weidenbaum steht?"

„Dort wohnt die Sorgenmutter, die kenn ich gut."

„Was ist denn das für ein Name? Hat sie keinen anderen?"

„Ich weiß keinen."

„Heißt sie so, weil sie viele Sorgen hat? Weißt du's?"

„Ja, sie hat Sorgen, weil sie nicht weiß, ob der Joseph im Elend ist!"

„Ach Gott! Ach Gott!" rief der Fremde wieder und nahm auf einmal Schritte, daß er dem Resli weit vorauskam. Aber er kehrte wieder um, nahm das Kind bei der Hand und sagte sehr freundlich: „Komm, wir wollen miteinander gehen und noch ein wenig reden." Und so gut und freundlich sah er dabei aus, daß Resli auch ganz zutraulich wurde.

„Sag mir", fing er wieder an, „ist die Sorgenmutter bös auf den Joseph?"

„O nein! Jede Nacht betet sie für ihn, sonst könnte sie gar nicht einschlafen, und ich helfe ihr auch."

„So, und was betest du denn für ihn?"

„Ich bete: Lieber Gott, hilf dem Joseph."

„Vielleicht hat dich der liebe Gott jetzt erhört und hat ihm geholfen."

„Glaubt Ihr?" fragte Resli und schaute in größter Spannung zu dem Fremden auf, dem es wie ein Freudenblitz über das Gesicht fuhr. Er sagte nichts mehr.

Jetzt waren sie bei dem krummen Weidenbaum, wenige Schritte von dem alten Häuschen, angelangt.

„So lebt wohl", sagte Resli, indem es dem Fremden die Hand hinhielt, sichtlich ein wenig enttäuscht über sein Schweigen,, „ich gehe zur Sorgenmutter hinein."

„Ich gehe mit", sagte er schnell. Aber bevor sie die Tür aufmachten, wurde sie von innen aufgerissen, und heraus stürzte die Sorgenmutter, umfaßte den Fremden und rief ein Mal ums andere: „Oh, Joseph! Joseph! Bist du's denn wirklich?" Und vor Freuden mußte sie laut weinen, und der Joseph weinte mit ihr. Und als nun Resli begriff, daß der Fremde der Joseph war, der nun zu der Sorgenmutter zurückgekehrt war und so gut und gar nicht zerfetzt aussah, wie es sich den Joseph gedacht hatte, da wußte es sich vor Freude gar nicht zu fassen, umklammerte die weinende Mutter und rief frohlockend: „Der liebe Gott hat ihm geholfen, der liebe Gott hat ihm geholfen."

Jetzt traten alle drei in das Häuschen ein, und nun erst beschaute die Sorgenmutter ihren Sohn von oben bis unten, und ihr Herz floß über von Dank und Freude. Er sah nicht aus wie einer, der tief gesunken und im Elend verkommen ist, wie sie in ihren Kummernächten ihn so oft vor sich gesehen hatte. Sie konnte ihn nicht genug anschauen, er sah so gut aus.

„Komm, Mutter, komm", rief jetzt der Bursche mit fröhlichem Angesicht, „nun wollen wir uns zusammensetzen und etwas essen und fröhlich sein. Kann uns das Kind etwas bringen?"

„Ach je, das tut es schon", bestätigte die Mutter. „Wieviel Gutes hat es mir doch schon gebracht, und jetzt noch den Sohn! Wo hast du ihn nur hergeholt, Resli?"

„Das will ich schon erzählen, Mutter, laß das Kind nur gehen und Wurst und eine Flasche Wein und ein großes Brot holen", bat Joseph und legte ein großes Geldstück auf den Tisch.

„Ein ganzes Brot?" fragte Resli mit dem größten Erstaunen; denn daß die Sorgenmutter auf einmal ein ganzes Brot haben sollte, konnte es fast nicht glauben. Nun schoß es aber in solcher Freude davon, daß es in unbegreiflicher Schnelligkeit bald wieder mit allem Gewünschten zurückkehrte. So setzten sich alle drei an den kleinen Tisch und hielten ein Festmahl, wie noch niemals eines in dem Stübehen gehalten worden war. Nur die Mutter konnte vor Freude fast nicht essen, und immer wieder fragte sie voller Staunen: „Ist's auch wirklich wahr, Joseph?" Und er bejahte es jedesmal ganz fröhlich und schob dem Resli ein Stück Brot mit Wurst nach dem anderen zu, und wenn es sagte: „Nein, nein, jetzt esse ich gewiß nichts mehr, es ist ja für die Sorgenmutter", dann erwiderte er: „Iß nur und habe keine Sorge, die Mutter soll nun keinen Mangel mehr leiden, sie soll alle Tage genug Brot haben."

„Und jetzt", sagte Joseph, als er sich nach seiner langen Wanderung recht erquickt hatte, „jetzt will ich dir erzählen, Mutter, wie es mir ergangen ist. Du weißt, ich sollte in eine Anstalt geschickt werden. Aber die Schande, fortgeschickt zu werden, konnte ich nicht ertragen, und dableiben konnte ich auch nicht mehr, darum lief ich fort. Ich kam nach England hinüber, und dort blieb ich sitzen, hatte auch kein Geld weiterzukommen. Dort hatte ich harte Tage, mußte schwer arbeiten, um mein Leben zu fristen, und meinte, ich müßte zugrunde gehen. Ich glaube gewiß, du hast mich durchgebetet, Mutter, denn jedesmal, wenn es am äußersten mit mir war und ich Schlechtes im Sinne hatte, habe ich dich plötzlich gehört, wie du laut in deiner Kammer neben mir gebetet hast, daß der liebe Gott alles Elend über dich bringen möge, wenn er mich nur zuletzt noch auf den rechten Weg bringen wolle. Dann sah ich dich vor mir und konnte das Schlechte nicht tun, das dich ins Grab gebracht hätte, und ich fing wieder an zu arbeiten. Ich hatte in Maschinenwerkstätten Arbeit, und nach und nach kam ich weiter. In neun Jahren kann man etwas lernen, Mutter, wenn man will, und ich wollte; und nun bin ich ein tüchtiger Mechaniker, und Arbeit werde ich schon finden. Und nun, Mutter, sollst du's auch anders haben; Sorgenmutter darf dich kein Mensch mehr heißen. Schau, Erspartes bring ich dir auch mit! Nun erzähl mir, wie es dir ergangen ist." Damit legte Joseph seine wohlerworbenen, schönen Taler vor die Mutter auf den Tisch, und die Freude seines Herzens leuchtete ihm aus den Augen, als er das wachsende Erstaunen seiner Mutter sah.

„Ach, daß du das alles ehrlich durch Arbeit verdient hast,

Joseph! Ich weiß nicht, wie ich dem lieben Gott danken soll; es ist fast zuviel!" Und die gute Mutter mußte immer wieder ihre Hände falten und loben und danken. Aber der Sohn bat: „Sag mir nun auch, wie es dir ergangen ist, Mutter."

„Da ist nicht viel zu erzählen, Joseph", sagte sie, „ich habe schwere Tage und viel Kummer gehabt, und umsonst haben sie mich nicht die Sorgenmutter genannt. Der liebe Gott hat mir aber immer wieder durchgeholfen. Aber im letzten Jahre war ich recht elend und so von Kräften gekommen, daß ich meinte, ich käme nicht mehr durch den Winter. Da kam wie ein Engel vom Himmel das Kind, das Rosenresli, und hat mich wieder gestärkt. Den ganzen Winter hindurch und bis jetzt hat es mich erhalten, und ich weiß, es hat mir oft sein Brot gebracht und selbst gehungert. Und jetzt hab ich nur noch einen Kummer, Joseph: Resli lebt bei seinem Onkel, dem Dietrich; der muß morgen von Haus und Hof fort, das Kind soll zu fremden Leuten, und wer weiß, wie es ihm gehen wird."

„Was, das Kind, das dich erhalten hat, Mutter?" unterbrach sie der Joseph stürmisch. „Wir haben auch noch für das Kind genug, man braucht uns dafür nichts zu geben. Ich geh zum Dietrich, das Rosenresli geben wir nicht mehr her!" — Und Joseph schoß zur Tür hinaus und fort.

Jetzt sprang das Resli von seinem Sessel, fiel der Alten um den Hals und rief in seiner Freude immerfort: „Sorgenmutter! Sorgenmutter! Jetzt kann ich bei Euch bleiben! Jetzt muß ich nicht mehr fort!" Und die Mutter hielt das Kind fest und sagte: „Oh, Resli, was haben wir alles zu danken! Wenn wir dem lieben Gott unser ganzes Leben lang dankten, so wäre es nicht genug. Vergiß das nie in deinem Leben! Nun ist mir auch der letzte Kummer vom Herzen genommen, und du mußt mich nicht mehr Sorgenmutter nennen, ich bin ja keine mehr, aber eine Mutter will ich dir sein."

Als der Onkel Dietrich von Joseph vernommen hatte, was er wollte, war er froh, im stillen hatte er Erbarmen mit dem Resli gehabt. Er wollte es ungern dem bösen Wegknecht geben, er wußte nur so schnell keinen anderen Ausweg, denn am anderen Morgen wollte er früh fort. So sagte er zu Joseph: „Behalt das Kind nur gleich. Schick's nicht mehr zum Schlafen, sondern nimm gleich sein Bettlein mit." Er dachte, so sei die Sache sicher, und käme der Wegknecht noch so früh, so könne er das Resli doch nicht mitnehmen. Joseph war sehr zufrieden und drückte dem Dietrich noch ein Geldstück in die Hand, da er gehört hatte, daß der Onkel nie böse gegen das Resli gewesen wäre. Dann nahm er das Bettlein mit dem spärlichen Inhalt auf die Schulter und kam fröhlich damit angezogen. Es wurde ins Kämmerlein neben das Bett der Mutter gestellt, und Resli hatte eine unsägliche Freude, daß es nun Tag und Nacht bei der Mutter bleiben konnte.

Joseph fand seine Schlafstätte, wie er sie vor neun Jahren verlassen. Die Mutter hatte während dieser Zeit jeden Tag gedacht: „Vielleicht kommt er wieder, und dann muß er doch eine Heimat finden." Und Joseph war so glücklich, seine Heimat wiedergefunden zu haben, daß er sie um keinen Preis mehr verlassen hätte. Auch Arbeit fand sich, wie er wünschte; er war ein geschickter, erfahrener Handwerker.

Jeden Morgen aber, wenn er auf die Arbeit ging, steckte Resli ihm eine Rose auf den Hut. Das gefiel dem Joseph besonders wohl und gab ihm gleich die rechte Freude zur Arbeit. Er hatte auch noch immer seine Rose, wenn sonst weit und breit keine mehr zu sehen war. Das Resli kannte jede Stelle, wo noch eine letzte Rose blühen konnte, und es bekam die Blume, wem sie auch gehörte. Seit die Geschichte bekannt geworden war, wie Resli die Sorgenmutter ein ganzes Jahr lang fast allein erhalten hatte, wollte jedermann dem Resli wohl, noch viel mehr als vorher, und wo es sich nur zeigte, erhielt es die Rose im Garten, ob es die erste oder die letzte war.

So leben im kleinsten Häuschen von Wildbach die drei glücklichsten Menschen, und Rosenresli wird wohl so genannt werden sein Leben lang.

In sicherer Hut

Vor der Abreise

In der schönen Stadt Dresden, nicht weit von der Elbterrasse, steht ein großes steinernes Haus. Dort saß an einem sonnigen Julimorgen Herr Feland in seinem Lehnstuhl und hielt eine so große Zeitung vor sich, daß man von seinem Gesicht gar nichts sehen konnte.

Ihm gegenüber saß die Frau des Hauses und goß von Zeit zu Zeit aus dem singenden Kessel ein wenig Wasser auf den duftenden Kaffee. Das Frühstück sollte gleich beginnen.

Da öffnete sich die Tür: zwei kleine Mädchen traten ein und hinter ihnen ein großes Fräulein, das mit einiger Besorgnis die lebhaften Sprünge sah, mit denen die kleine Rita durch die Stube eilte, um sich zuletzt mit einem großen Satz auf Papas Knie zu schwingen. Am sicheren Gelingen des Sprunges sah man deutlich, daß er nicht zum erstenmal ausgeführt wurde. Siegesstolz schaute nun Rita umher, als wollte sie sagen: „Nun sitze ich wieder auf meiner festen Burg, wo mir kein Leid zustoßen kann!" Dann steckte sie das lockige Köpfchen unter die große Zeitung und rief schelmisch: „Oh, Papa, ich finde dich schon! Wann gehen wir auf die Gemmi?"

Der Vater legte das Blatt weg, küßte die Kleine und sagte: „Erst guten Morgen, kleine Heuschrecke; nachher kommen die Reisepläne." Um ihrer gewandten Sprünge willen nannte sie der Papa nämlich kleine Heuschrecke. Als Rita nun die große Zeitung nicht mehr zwischen sich und dem Papa sah, legte sie ihre Arme um seinen Hals und sagte ihm mit großer Zärtlichkeit guten Morgen. Unterdessen stand Schwester Ella ganz still neben Vaters Stuhl und wartete seinen Morgengruß ab. Jetzt küßte er auch sein älteres Töchterchen, das sich dann still an den Tisch setzte.

„Wenn du dich nun auch dahin verfügtest, wo du hingehörst!" sagte der Vater zu Rita, die noch gar keine Anstalt machte, ihren hohen Sitz zu verlassen.

„Ich gehe gleich, Papa", versicherte Rita, setzte sich aber erst noch auf ihrer Burg zurecht, „ich wollte nur warten, bis du gesagt hast, wann wir auf die Gemmi gehen."

„Sobald die Mutter gepackt hat", erwiderte der Vater.

Jetzt sprang Rita herunter und auf die Mama los.

„Oh, Mama, so wollen wir doch heute packen! Bitte, bitte, gleich auf der Stelle", bat Rita schmeichelnd. „Ich will dir helfen, und Ella kann auch helfen und Fräulein Hohlweg auch, und dann können wir morgen fort, und dann —"

„Jetzt trinken wir erst unsere Milch und sitzen eine Weile ganz ruhig am Tisch, liebes Kind", berichtigte hier die Mutter, und Rita, die fürs erste keine weitere Antwort auf ihre Frage voraussah, setzte sich nun an ihren Platz zwischen Vater und Mutter, und das Frühstück begann.

Schon seit längerer Zeit hatte in Herrn Felands Hause jeder Morgen mit der dringenden Frage nach der Gemmireise angefangen. Im Kopf der kleinen Rita kam kaum mehr ein anderer Gedanke auf. Dieses Reiseziel war auf folgende Weise in die Vorstellung der kleinen Rita eingedrungen und hatte sich da festgesetzt:

Im vergangenen Sommer hatten Vater und Mutter eine Schweizreise gemacht. Auf dem Gemmipaß, der sie von Wallis nach dem Kanton Bern hinüberführte, hatte es ihnen so besonders wohlgefallen, daß sie beschlossen, den folgenden Sommer wieder hinzugehen, die Kinder und Fräulein Hohlweg mitzunehmen und einige Zeit dort zu bleiben. Die Eltern hatten auf ihrer Reise den Fremdenführer Kaspar kennengelernt und ihm ihre Absicht und den Wunsch mitgeteilt, in der Gegend eine Wohnung zu mieten und sich dort häuslich niederzulassen, statt in einem Hotel zu wohnen. Da hatte Kaspar ihnen den Vorschlag gemacht, sein eigenes Häuschen, das unweit des Gemmipasses an einem grünen Abhang nahe beim Fußwege stand, zu beziehen. Gerade diese Zeit war für ihn die beste, sein kleines Haus abzutreten. Er selbst war dann immer unterwegs mit den Fremden, seine beiden Buben hüteten auf der Alp die großen Herden, und seine Frau konnte im Dachkämmerchen wohnen und die Familie Feland betreuen. Für diese konnten dann die große Wohnstube und die beiden Schlafkammern eingerichtet werden. Dieser Vorschlag kam Herrn Feland und seiner Frau sehr gelegen, und nachdem sie sich das Häuschen angesehen hatten, beschlossen sie, es für die Sommermonate des kommenden Jahres zu mieten. Diese Nachricht und die Schilderung der schönen Wiesen und hohen Schneeberge, der grünen Alpen und der vielen weidenden Kühe hatten auf beide Kinder einen tiefen Eindruck gemacht, und seit langem freute sich Rita auf den Tag der Abreise. Schon im Winter war kein Tag begonnen und kaum einer beendigt worden, ohne daß sie wiederholte: „Mama, wird nun bald der Sommer kommen?"

Nun war wirklich der Sommer da, und Ritas Fragen wurden immer bestimmter und dringender. Jeden Morgen erklangen nun erwartungsvoll die Worte: „Wann gehen wir auf die Gemmi?" Mit jedem Tag wuchs des Kindes Ungeduld und mehrten sich die stürmischen Fragen und Bitten. Jetzt konnte Rita kaum erwarten, in einen Wagen zu steigen und den hohen Bergen und grünen Wiesen entgegenzufahren.

Endlich kam der Tag, da das ganze Haus Feland wie ein großer Jahrmarkt aussah. Alle möglichen Kleidungsstücke lagen in solcher Menge in allen Zimmern umher, daß man sich nirgends mehr niederlassen konnte. Nach und nach verschwand aber alles in drei mächtigen Koffern, und zwei Tage später saß die ganze Familie Feland im Reisewagen: Ella in stiller Freude zwischen der Mutter und Fräulein Hohlweg, Rita neben dem Vater, den sie alle Augenblicke im hellen Entzücken umarmte. Nun ging es auf die große Reise, nun ging es nach der Gemmi!

Auf der Gemmi

Nicht weit von der Höhe des Gemmipasses tritt der schmale Weg ins Gehölz hinein und führt bald an die Stellen, wo der Wanderer nicht ohne Grauen über die steilen Felswände in den tiefen Abgrund hinunterschaut. Auf diesem Waldpfade kam am schönen Sommerabend ein kleiner Junge daher. Er hielt eine große rote Blume in der Hand, die er wohl drinnen im Gehölz gefunden hatte, und schaute sie von Zeit zu Zeit bewundernd an.

Nun trat er auf die freie Stelle am Wald heraus und blickte ringsum, schien aber nichts Besonderes zu entdecken und setzte seinen Weg fort. Jetzt trat er auf den schmalen Wiesenpfad, der zur Linken den grünen Abhang hinaufführt. Dort standen zwei Häuschen nicht weit voneinander entfernt, jedes mit einem kleinen Anbau nach hinten, der das Vieh beherbergte. Einer dieser Ställe war größer, auch das Häuschen selbst mit seiner nagelneuen Haustür sah geräumiger und besser aus. Es gehörte dem Fremdenführer Kaspar, der mit seiner Frau und seinen zwei Buben darin wohnte und jedes Jahr etwas daran verbessern konnte, weil er während des Sommers als Fremdenführer einen guten Verdienst hatte. In seinem Stalle standen nicht nur zwei Geißen, wie bei allen Nachbarn, sondern seit zwei Jahren auch eine schöne Kuh, die ihm prächtige Milch und Butter lieferte. Das kleinere Häuschen drüben mit der alten, wurmstichigen Haustür und dem baufälligen Schindeldach gehörte dem Träger Martin, einem großen Mann, der um seiner kräftigen Erscheinung willen nur „der feste Martin“ genannt wurde. Da lebte er mit seiner Frau und vier kleinen Kindern, und hinten im kleinen Stall standen nur zwei Geißen.

Den Sommer hindurch, besonders wenn es schön war, hatte der feste Martin freilich auch eine ordentliche Einnahme. Er trug dann den Fremden das Gepäck über die Gemmi. Doch verdiente er lange nicht soviel wie der Nachbar Kaspar, der oft viele Tage mit den Bergsteigern unterwegs war.

Vor der neuen Haustür standen jetzt die zwei Buben des Kaspar und hatten sichtlich eine wichtige Sache zu verhandeln. Sie besahen, befühlten und verglichen mit großem Ernst zwei Gegenstände, die sie in ihren Händen hielten, und wie sie endlich mit dem Vergleich zu Ende zu sein schienen, fingen sie wieder von vorne an. Der kleine Junge, der eben vom Walde her auf das Häuschen zukam, stand jetzt still und schaute voller Erstaunen auf den Vorgang vor der Haustür.

„Seppli, komm, sieh, sieh!“ rief ihm nun einer der beiden Buben zu. Seppli näherte sich; verwundert schauten seine Augen auf das, was ihm gezeigt wurde.

„Sieh, das hat der Vater uns vom Jahrmarkt in Bern mitgebracht“, rief der größere der Buben dem Seppli zu, und jeder hielt sein Geschenk in die Höhe. Welch ein wunderbarer Anblick bot sich Sepplis Augen dar! Chäppi und Jörg hielten jeder eine große Peitsche in der Hand, hierzulande Geißel genannt. Der feste und doch biegsame Stock war mit roten Lederbändchen umwunden. Der lange weiße Geißelriemen war aus Lederstreifen geflochten; an seinem Ende hing ein fest gedrehtes, rundes Schnürchen von gelber Seide mit einem offenen Zöttelchen am Schluß. Dieses Ende, das einen wundervollen Knall bewirken konnte, wurde „Zwick" genannt. Seppli schaute sprachlos auf die Geißeln. Nie in seinem Leben hatte er etwas so Aufregendes gesehen!

„Jetzt hör einmal", sagte Chäppi und fing an, seine Geißel zu schwingen. Jörg tat desgleichen, und nun knallte und donnerte es das Tal hinab und hinauf und hallte von allen Bergen wieder, daß es dem Seppli vorkam, als gäbe es nichts Größeres und Herrlicheres in der ganzen Welt. — „Wenn ich nur auch eine Geißel mit einem gelben Zwick hätte", sagte er tiefaufatmend, als die beiden das Knallen endlich eingestellt hatten.

„Ja, da kannst du warten", erwiderte hochfahrend der Chäppi, und mit einem letzten, besonders lauten Knall lief er davon. Er hatte seine Geißel ja noch anderen Leuten zu zeigen. Jörg lief hinter ihm drein; der Seppli aber schaute den beiden nach und blieb unbeweglich stehen. Auf sein sonst unbekümmertes Herz war ein schweres Gewicht gefallen. Er hatte etwas gesehen, wonach alle seine Wünsche strebten, und der Chäppi hatte vernichtend gesagt: „Ja, du kannst warten!" Es war dem Seppli nicht anders zumute, als ob er nichts mehr hätte, was ihm Freude machen könnte. Er packte seine rote Blume und warf sie von sich; denn nur eine rote Blume zu haben, und niemals eine Geißel mit einem gelben Zwick, das brachte den Seppli auf. Die Blume flog weit in die Wiese hinein, und der Seppli schaute ihr in stillem Grimm nach. Man kann nicht wissen, wie lange er noch so stehengeblieben wäre, wenn sich nicht hinter ihm die Haustür geöffnet hätte und eine Frau mit einem großen Besen in der Hand herausgetreten wäre.

„Wo sind die Buben, Seppli?“ fragte sie rasch.

„Fort mit den Geißeln“, war die Antwort.

„Lauf und ruf sie heim, aber hurtig!“ befahl die Frau. „Morgen früh müssen sie auf die Alp, und am Abend kommt die Herrschaft, da ist noch viel zu tun. Sag es ihnen, spring, Seppli!“

Der Junge lief jetzt mit aller Kraft der Richtung zu, wo die beiden Buben verschwunden waren. Die Frau fing nun mit ihrem Besen in allen Winkeln an zu arbeiten und zu fegen. Es war Kaspars Frau und die Mutter der beiden Buben Chäppi und Jörg.

Am Morgen war von Herrn Feland ein Brief angekommen, der ihn und die Seinigen für den folgenden Abend anmeldete. Daher die großen Vorbereitungen mit dem Besen, die übrigens nicht unnötig waren; denn Chäppi und Jörg trugen gar vielerlei Schmutz mit ihren großen Schuhen ins Haus hinein. Jetzt kamen die beiden unter lautem Peitschenknallen dahergerannt, Nachbars Seppli immer noch hinterdrein, der Anblick der Geißeln zog ihn unwiderstehlich mit. Als aber nun die Mutter ihre Buben hereinrief, daß sie ihr noch in allerlei Arbeit beistehen sollten, kehrte Seppli endlich um und ging dem Häuschen drüben zu; aber ganz langsam, so wie einer, der einen großen Schmerz mit sich trägt. Und den trug der Seppli auch mit sich, Geißeln mit gelbem Zwick schwebten ihm unaufhörlich vor Augen, und dazu hörte er Chäppis erdrückendes Wort: „Ja, du kannst warten!“

Vor der alten Haustür drüben, auf dem Plätzchen, wo der Boden zu einer Tenne festgetreten war, stand der Vater Martin und war bemüht, mit einem schweren Beil einen großen, knorrigen Holzklotz in kleine Stücke zu zerspalten, damit die Mutter wieder etwas auf den Herd zu legen habe. In einer Reihe vor dem Vater standen das Martheli, der Friedli und das Betheli und schauten mit großen, ernsthaften Augen seiner Arbeit zu. Seppli, der Älteste, trat jetzt auch heran, stellte sich in die Reihe und riß die Augen auf. Wo es etwas zu sehen gab, war er immer dabei. Bald aber deutete der Vater auf die kleinen Stücke am Boden und sagte mit einer so sanften, freundlichen Stimme, wie man sie von dem großen, festen Mann gar nicht erwartet hätte: „So, Seppli, nimm immer zwei davon auf den Arm und bring sie der Mutter in die Küche hinein, so kann sie uns die Kartoffeln kochen." Der Seppli tat sofort, wie ihm geheißen, und die Arbeit ließ ihn ein wenig seinen großen Kummer vergessen. Als er aber später neben dem Friedli auf dem schmalen Bett lag, da konnte er nicht, wie sonst, gleich einschlafen, das große Leid stieg wieder vor seinen Augen auf, und er mußte seufzen: „Oh, wenn ich nur eine Geißel mit einem gelben Zwick hätte!"

Es wird Bekanntschaft gemacht

Am folgenden Morgen konnte man schon in aller Frühe ein lautes Peitschenknallen hören; um vier Uhr standen Chäppi und Jörg schon vor dem Häuschen und warteten auf die Kühe, die man von da und dorther bringen sollte, um sie nach der Alp hinaufzuführen, wo die große Herde war. Dann sollten die beiden bis zum Herbst als Hirtenbuben droben bleiben, und darauf freuten sie sich so sehr, daß sie gar nicht genug Lärm machen konnten; denn zu zweien da droben zu sein und den ganzen Sommer nichts zu tun zu haben, als mit den Peitschen und mit den Kühen umherzurennen, das war für beide eine herrliche Aussicht.

Als die Mutter ihnen noch die Ränzlein aufgebunden und sie ermahnt hatte, brav zu sein, und sie dann mit ihren Kühen davongezogen waren, kehrte die Mutter in das Häuschen zurück, und nun begann ein Fegen und Putzen in jedem Raum und Winkel, von oben bis unten, daß es den ganzen Tag kein Ende nehmen wollte. Schon ging die Sonne hinter den Tannen unter, als die Frau noch einmal eins ums andere der Fenster abrieb und sich dann prüfend umschaute. Nun glitzerte aber auch alles: die Fenster, der Tisch mit der Schiefertafel darauf als Tischplatte, die Bänke ringsum an den Wänden und auch der Boden. Jetzt sah die Frau, wie den Weg vom Tal herauf ein ganzer Zug von Trägern, von Pferden und Reiterinnen nahte. Schnell lief sie die kleine Treppe hinauf nach der Bodenkammer, band eine saubere Schürze um und stellte sich dann unten vor die Haustür, um ihre fremden Gäste zu empfangen. Der Zug hielt, und Herr Feland hob erst seine Frau und Fräulein Hohlweg, dann die Kinder von den Pferden. Kaum stand Rita auf dem Boden, so rannte sie vor Wonne hin und her und wußte gar nicht, was das allerschönste war, das hölzerne Häuschen mit der kleinen Bank vor der Tür, die grünen Wiesen ringsum mit den Blumen und Bächen oder der goldene Abendschein oben auf den Felsen und Tannen; alles war so neu, so schön! Auch Ella war ganz voller Bewunderung und schaute in stillem Staunen ringsum. Aber jetzt traten Vater und Mutter in das Häuschen, und nun freute sich Rita von neuem; denn da war alles so anders, als sie es je in ihrem Leben gesehen hatte. Sie faßte Ella bei der Hand und rannte mit ihr in alle Winkel hinein. „Sieh, sieh, da kann man in der ganzen Stube an der Wand herum sitzen, und sieh nur, wohin man da klettern kann." Dabei stieg Rita schnellen Schrittes die Stufen hinan, die hinter dem Ofen zu einer

Öffnung hinaufführten, durch die man in die Schlafkammer eintrat. Das war eine herrliche Entdeckung! Von da ging es durch die offene Tür in eine andere Kammer, worin wieder zwei Betten standen. Von der Kammer gelangte man auf einen kleinen Bodenraum hinaus, und ein hölzernes Treppchen führte auf der anderen Seite wieder nach der Wohnstube hinunter. Das war ein herrlicher Kreislauf, den man des Tages viele Male machen konnte, und alles im ganzen Häuschen innen und außen sah so neu und ungewöhnlich und vielversprechend aus! Rita wußte gar nicht, worüber sie sich am meisten freuen sollte. Als sie endlich oben in der Kammer in ihrem großen Bett und Ella in dem anderen neben ihr lag und die Mutter nach dem Abendgebet den Kindern gute Nacht sagte, tat Rita einen tiefen Atemzug und sagte mit innigster Befriedigung: „Oh, nun sind wir auf der Gemmi!"

Die schönsten Sommertage folgten nun mit goldenem Sonnenschein auf den Wiesen, mit frischem Windesrauschen oben im Tannenwald und im dunkelblauen Himmel, der weithin über die Felsen und die weißen Schneeberge ausgebreitet lag. In wenigen Tagen schon hatten Ella und Rita alle schönen Stellen in der Nähe entdeckt, wo man sich lagern und die warmen Nachmittagsstunden gemütlich zubringen konnte, bis abends wieder eine Wanderung mit Papa und Mama unternommen wurde. Aber Rita war es eigentlich mehr um Entdeckung der schönen Plätzchen als um das Lagern zu tun. Während Ella sich auf das weiche Moos bei den Tannen oder auf den grünen Weideboden an der Halde hinsetzte und sich darauf freute, daß nun Fräulein Hohlweg kommen und eine schöne Geschichte lesen oder erzählen würde, hatte Rita schon wieder einen neuen Gedanken, der sie fortzog. Unterdes saß die Mutter drinnen im Häuschen beim Vater, und manchmal mußte sie sich auch zum Ausruhen hinlegen; ihre

Gesundheit war sehr angegriffen. Wenn Rita Fräulein Hohlweg aus dem Häuschen treten sah, den großen Korb mit dem Strickzeug am Arm, da kamen dem Kinde erst recht allerlei schöne Orte in den Sinn, wo man nun hingehen könnte. Und ehe noch Fräulein Hohlweg sich hingesetzt hatte, erklärte ihr Rita, sie müsse schnell zum Papa hinein, da sie ihm vieles zu sagen habe. Husch, war sie im Häuschen, hatte sich auf Papas Knie geschwungen und machte ihm eine Menge von Vorschlägen, wie man zu den Tannen hoch oben auf die Felsen klettern und dann weit umherschauen könnte, oder tief, tief in das Gehölz hineingehen, bis man zu den großen Vögeln käme, die manchmal so schauerlich schrien. Dar Papa hörte dann die kühnen Vorschläge mit Teilnahme an, meinte aber, vorerst wären noch kürzere Wanderungen zu unternehmen, und jetzt möge sie wieder zu Ella und dem Fräulein zurückkehren.

Eben war Rita wieder auf des Vaters Knie angekommen. Heute hatte sie einen neuen Vorschlag zu machen und hatte es sehr eilig.

„Oh, Papa, leg nur das Buch einen ganz kleinen Augenblick weg“, bat sie, „ich will dir nur etwas sagen.“

Der Vater hörte aufmerksam zu.

„Schau, Papa“, fuhr Rita fort, „schon gestern und heute wieder steht dort drüben vor dem Häuschen ein kleiner Junge und sperrt die Augen auf und schaut immerfort herüber. Ich muß endlich einmal hinübergehen und fragen, warum er das tut und wie er heißt.“

Der Vater war einverstanden, und Rita machte sich gleich auf den Weg. Drüben stand der Seppli noch auf dem gleichen Fleck wie vor einer Stunde und schaute zum Nachbarhause hinüber; seit die fremden Leute angekommen waren, gab es hier immer etwas Neues und Merkwürdiges zu sehen. Als Rita bei ihm angelangt war, stellte sie sich gerade vor ihn hin, die Hände auf den Rücken gelegt, so wie Vater, wenn er wichtige Besprechungen mit Mama im Sinn hatte.

„Was hast du sehen wollen, daß du immer hinübergeschaut hast?“ fragte sie.

„Nichts“, erwiderte Seppli.

Diese Antwort schien Rita nicht ganz zutreffend.

„Hast du etwa gemeint, wir hätten auch einen kleinen Jungen, und hast du sehen wollen, wie er aussieht?“ forschte sie weiter.

„Nein“, gab der Seppli kurz zurück.

„Du hast vielleicht vergessen, was du sehen wolltest“, sagte nun Rita. „Wie heißt du denn?“

„Seppli.“

„Wie alt bist du?“

„Weiß nicht.“

„Das muß man wissen. Komm, stelle dich neben mich, so“, und Rita stellte sich an den Seppli heran und schaute ihm über die Achsel. Er war ein wenig kleiner, aber dafür auch viel fester gebaut als Rita.

„Du bist noch nicht so groß wie ich“, sagte sie, „du bist noch ziemlich klein. Siehst du, ich werde sieben Jahre alt; denn ich bin vor gar nicht langer Zeit sechs Jahre alt geworden, gerade an meinem Geburtstag, das weiß ich noch gut, denn ich habe viele Geschenke bekommen. Du wirst vielleicht erst sechs Jahre alt, weil du noch so klein bist.“

Der Seppli nahm die Unterweisung gläubig an; er wußte nicht, daß er schon seit einiger Zeit sieben Jahre alt war und daß er nur mehr in die Breite als in die Höhe gewachsen war.

„Was machst du den ganzen Tag, Seppli?“ fragte Rita.

Seppli hatte lange nachzudenken. Endlich sagte er: „Ich weiß, wo es rote Blumen gibt.“

Dieses Wort fiel wie ein zündender Funke in Ritas Herz. Auf einmal sah sie einen Busch flammender roter Blumen irgendwo im Wald, und alles in ihr begehrte nach den wunderbaren Blumen.

„Wo, wo? Seppli, wo sind die Blumen? Komm, wir wollen schnell hingehen!" Und Rita hatte schon Sepplis Hand gefaßt und zog ihn fort. Der Seppli folgte, aber langsam.

„Dort", sagte er jetzt und zeigte mit dem Finger nach dem Gehölz hinauf.

„Oh, geht man dort in den großen Wald hinein?" rief Rita erwartungsvoll, den Seppli mit aller Macht weiter ziehend.

„Ja, und dann immer weiter", antwortete Seppli bedächtig und ohne in einen schnelleren Schritt zu verfallen; er hatte schwere Holzschuhe an den Füßen. Aber Rita zog immer stärker an dem Seppli. Schon sah sie den Weg durch den dunklen Wald vor sich und hinter den Bäumen die großen roten Blumen, leuchtend und schimmernd.

„Komm doch, Seppli, komm!" rief sie und zog ihn noch heftiger vorwärts.

Jetzt kamen sie am Häuschen des Kaspar vorüber. Der Vater stand unter der Tür. Er wollte sehen, wo seine Kleine sich so lange aufhalte, der erlaubte Besuch konnte wohl nun zu Ende sein. Eben als er auf die Schwelle trat, kam das seltsame Paar vorüber, Rita mit aller Anstrengung den Seppli nach sich ziehend.

„He, he! Nicht so eilig, kleine Heuschrecke!" rief der Vater, „komm hierher! Wohin soll der neue Freund geschleppt werden?"

„Oh, Papa", rief Rita in großem Eifer, „er weiß so schöne rote Blumen im Walde, wir wollen sie holen."

„Nein, nein", sagte der Vater, Rita bei der Hand nehmend, „das geht nicht. Jetzt gehen wir mit Mama spazieren, und der kleine Freund holt die Blumen allein und bringt sie dir, dann soll er ein schönes Butterbrot haben."

Damit zog der Vater sein Kind mit sich ins Haus, und bald kamen alle miteinander, Vater und Mutter, Fräulein Hohlweg, Ella und Rita wieder heraus und wanderten zusammen auf dem sonnenbeschienenen Bergpfad gegen das Tal hinab. Der Seppli blieb auf demselben Fleck stehen, bis er gar nichts mehr von der Gesellschaft sah, dann erst wandte er sich um und kehrte wieder zu seiner Haustür zurück.

Eine Schreckensnacht

Am folgenden Tage, um die Zeit, da Frau Feland wie gewöhnlich ausruhen mußte, schritt Fräulein Hohlweg mit dem großen Korb dem schönen Schattenplätzchen nahe der Wohnung zu, um das gemütliche Strick- und Lesestündchen abzuhalten. Ella saß schon ruhig auf ihrem Moosplätzchen, Rita stand vor ihr und erzählte mit großer Begeisterung von einem Busch im Walde mit roten flammenden Blumen, die weithin durch die Bäume leuchteten. Ihre Augen wurden dabei immer größer und glänzender; je mehr sie davon redete, desto deutlicher sah sie alles vor sich, und es war, als sei sie schon auf dem Wege mitten im Wald.

Fräulein Hohlweg stellte eben den großen Korb hin und sagte: „Setz dich nun, Rita, und sei still, ich habe euch etwas Schönes vorzulesen." Aber Rita war so erfüllt von ihren Blumen und dem Walde und all den Dingen, die sie vor Augen hatte, daß die Ermahnung vergeblich war.

„Ich muß geschwind zum Papa, ich habe ihm soviel zu sagen!" versicherte Rita und lief dem Häuschen zu. Das kam nun jeden Tag vor: immer meinte Rita, wenn sie sich hinsetzen sollte, dem Papa gerade etwas Besonderes sagen zu müssen. Heute jedoch hatte sie es noch eiliger als sonst. Als nun schon eine gute Weile vergangen war und das Kind gar nicht zurückkehrte, wurde Fräulein Hohlweg unruhig und sagte: „Geh schnell hinein, Ella, und rufe Rita, daß sie ja nicht Mama aufweckt. Papa muß schon fort sein; er sagte bei Tisch, daß er einen großen Weg vorhabe.“ Ella lief, kam aber solange nicht wieder, daß auch Fräulein Hohlweg hineinging. Es war ganz still drinnen. In der Wohnstube war kein Mensch, in der Küche auch niemand! Das Fräulein stieg die kleine Treppe hinauf und öffnete leise die Schlafkammer der Kinder; auch da war niemand. Durch die offene Tür konnte man ins Zimmer der Eltern sehen. Frau Feland lag mit geschlossenen Augen auf ihrem Bett, sie war allein im Zimmer.

Fräulein Hohlweg trat wieder hinaus. Jetzt kam Ella vom Boden herunter und erzählte, wie sie Rita im ganzen Häuschen, in allen Winkeln gesucht habe, zuletzt auch auf dem Boden hinter dem Holz und im Kämmerchen von Kaspars Frau; aber Rita sei nirgends. Das Fräulein lief die Treppe hinunter dem Stalle zu, dort war etwas zu hören. Kaspars Frau stand drinnen und machte den Geißen die Streu zurecht. Auf die Frage nach der kleinen Rita antwortete sie nur, vor nicht langer Zeit habe sie das Kind ins Haus kommen sehen. Wo konnte aber Rita nachher hingekommen sein? Fräulein Hohlweg und Ella fingen noch einmal an, das ganze Haus zu durchsuchen, dann ringsumher alle Ecken und Winkel. Die Frau half rüstig mit, denn sie sah, daß große Angst das Fräulein erfaßte. Aber nirgends war eine Spur von dem Kinde zu entdecken. Die Frau lief nach dem Nachbarhäuschen hinüber, vielleicht hatte man dort Rita gesehen; aber da war niemand, die Haustür war geschlossen, alles still. Da kam der Frau in den Sinn, daß Martin heute hoch oben bei den Felsen sein Heu machte. Alle Hausgenossen waren mit ihm gegangen. Fräulein Hohlweg war sonst schon furchtsamer Natur, jetzt wurde sie immer unruhiger. „Ach, wenn ich doch dem Kind gleich nachgelaufen wäre!" jammerte sie wohl hundertmal; aber das half nun nichts.

Was war zu tun? Wo sollte man Rita suchen? Konnte sie vielleicht den Leuten nachgelaufen sein — zu dem Felsen hinauf? Etwa mit dem kleinen Jungen, mit dem man sie gestern gesehen hatte? Je mehr Fräulein Hohlweg darüber nachdachte, desto wahrscheinlicher schien es ihr. Wenn man jetzt nur gleich jemand hinaufschicken könnte, meinte sie, bevor man der Mutter etwas von der Sache sagen müßte. Die dienstfertige Frau erbot sich, es zu tun und so schnell wie möglich wiederzukommen. Sie hoffte ganz sicher, die Frau werde Rita mit nach Hause bringen. Aber der Weg war länger, als das Fräulein dachte, und lange ehe die Botin zurück sein konnte, kam Frau Feland aus ihrem Zimmer herunter und wollte mit den Kindern einen Spaziergang machen. Nun mußte alles gestanden werden. Im ersten großen Schreck wollte die Mutter gleich selbst hinaus, nach dem Kinde zu suchen, wo es auch wäre. Aber Fräulein Hohlweg war so sicher, Rita müsse mit dem kleinen Jungen fortgelaufen sein und die Frau würde sie zurückbringen, daß Frau Feland sich auch beruhigte und auf die Rückkehr der Frau warten wollte. Sie hatte freilich keinen ruhigen Augenblick: von einem Fenster lief sie an das andere, dann wieder vor die Haustür, dann um das Häuschen herum; die Zeit wurde ihr so lang, so lang!

Endlich, nach zwei langen Stunden, kam die Frau zurück, keuchend und glühend vor Hitze; aber — sie kam allein, ohne Rita. Martin war mit seiner ganzen Familie am frühen Morgen zum Heusammeln nach den Felsen hinaufgegangen und oben geblieben. Seit gestern hatte niemand das Kind gesehen. Auch auf dem Weg hatte die Frau hier und dort nach ihm gefragt; aber es war keine Spur von ihm zu entdecken.

Jetzt brach die Mutter in großen Jammer aus.

„Oh, daß nur mein Mann da wäre!" rief sie. „Wo finden wir Leute, das Kind zu suchen? Was müssen wir tun? Gute Frau, was können wir tun?"

Die Frau erbot sich, ringsumher in die Hütten zu laufen und Leute aufzubieten, die suchen sollten, bevor es Nacht würde; man müßte dem wilden Waldbach nach- und ins Gehölz hinaufgehen. „Wenn nur nicht alle oben beim Heu wären", jammerte sie. Aber sie machte sich sofort auf den Weg. Ella, die nun begriff, was mit Rita geschehen sein könnte, fing bitterlich an zu weinen.

„Oh, Mama, wenn Rita in den Bach, der so schrecklich tost, hineingefallen oder wenn sie im Walde wäre und den Weg gar nicht mehr finden könnte!" schluchzte sie, „oh, wir wollen gleich in den Wald gehen, sie hat gewiß furchtbar Angst."

Das war auch der Mutter Gedanke. Sie nahm Ella bei der Hand und eilte nach dem Gehölz hinauf, so sehr, wie sie in ruhigen Zeiten nicht zu eilen vermocht hätte. Fräulein Hohlweg lief hinter ihnen her; sie wußte vor Angst kaum mehr, was sie tat. Eine Stunde nach der anderen verging. Nach allen Seiten hin liefen suchende Frauen und Kinder. Aber keine Spur von Rita wurde entdeckt.

Es war Nacht geworden.

Frau Feland, Ella immer fest an der Hand haltend, war bis jetzt kreuz und quer durch Gebüsch und Gesträuch umhergelaufen, sie konnte nicht mehr weiter. Sie kehrte mit Ella nach der Wohnung zurück und brach hier zusammen Fräulein Hohlweg, die ihr auf Schritt und Tritt gefolgt war, stand ratlos da und sah aus, als wäre auch sie dem Umfallen nahe. Ella saß still weinend neben der Mutter.

Jetzt kehrte Herr Feland zurück. Als er von seiner Frau in wenigen Worten vernommen hatte, was vorgefallen war, trug er sie hinauf in die Schlafkammer und empfahl ihr, völlig ruhig zu bleiben; er würde alles tün, das Kind aufzufinden. Auch Fräulein Hohlweg und Ella sollten zur Ruhe gehen.

Nun ging Herr Feland nach dem Häuschen des Martin hinüber; auch sein erster Gedanke war, Rita wäre mit dem neuen Freund ausgezogen. Martin trat eben aus der Haustür. Er hatte schon gehört, daß ein Kind vermißt würde, und wollte eben kommen, um suchen zu helfen.

Herrn Felands Gedanke war nur, Rita wäre allein ausgezogen, entweder irgendwo gegen die Felsen hinauf oder tief in den Wald hinein. Er ordnete nun sogleich an, Martin sollte alle Männer der Nachbarschaft herbeiholen, sie mit guten Laternen versehen, und dann sollten die einen gegen die Felsenhöhen hinaufsteigen und überall herumsuchen, die anderen das Gehölz nach allen Richtungen durchstreifen. Herr Feland war entschlossen, das Suchen fortzusetzen, bis sein Kind gefunden würde. So zogen die Männer in die Nacht hinaus, und Frau Feland hörte, wie eine Stunde nach der anderen drunten die alte Wanduhr schlug. So langsam, so schleichend ging die Nacht dahin, wie Frau Feland noch keine in ihrem Leben durchwacht hatte. Sie schloß kein Auge. Bei jedem fernen Ton, der an ihr Ohr drang, fuhr sie empor und sagte sich: „Nun kommen sie und bringen das Kind! Aber wie, lebend oder tot?" Aber sie kamen nicht. Von Zeit zu Zeit kam Ella leise herübergetrippelt. Auch sie konnte vor Angst keine Ruhe finden. Wenn sie dann auch die Mutter wachend fand, bat sie immer wieder: „Oh, Mama, wollen wir nicht noch einmal beten, daß der liebe Gott die

Rita beschütze und sie bald heimbringe?"

Das wollte die Mutter jedesmal gern, und Ella kniete dann an ihrem Bett nieder und betete und flehte zum lieben Gott, er möchte Rita vor allem Unglück behüten und dem Papa den Weg zu ihr zeigen. Dann ging Ella wieder still in ihre Kammer zurück.

Die Nacht verging. Schon stieg die Sonne strahlend hinter den Bergen empor und leuchtete auf Wald und Wiesen, als hätte sie lauter Freude zu verkünden.

Frau Feland sank erschöpft auf ihre Kissen zurück. Endlich überwand die Müdigkeit Kummer und Sorge. Ein leiser Schlummer entrückte die geängstete Mutter für kurze Zeit der qualvollen Ungewißheit und Erwartung.

Am anderen Morgen

Bleich und verstört schritt Herr Feland durch den goldenen Morgenschein seiner Wohnung zu, und an seinen Kleidern war's zu sehen, daß er durch viele Dornen und stechendes Gestrüpp gedrungen war. Frau Feland hatte gleich seinen Tritt gehört und angstvoll rief sie: „Bringst du das Kind?" Er trat näher, setzte sich an ihr Bett, legte den Kopf in seine Hände und sagte fast tonlos: „Ich komme allein. Ich kann nicht mehr hoffen, nicht mehr denken. In welchem Zustande werden wir das Kind nach der langen Nacht wiederfinden, verletzt oder tot?"

„O nein, Papa", rief Ella schluchzend, die leise herzugekommen war, „der liebe Gott hat gewiß unsere Rita beschützt, Mama und ich haben ihn in der Nacht soviel darum gebeten."

Der Vater stand auf. „Wir haben die ganze Nacht das

Gehölz nach allen Richtungen durchsucht, da kann das Kind nicht sein. Nun wollen wir zu den Schluchten des Waldbaches hinuntersteigen."

Mit zitternder Stimme hatte der Vater diese Worte gesprochen. Die Vermutung, das Kind sei in den wilden Waldbach gestürzt, wurde ihm immer mehr zur Gewißheit. Herr Feland hatte angeordnet, den Männern bei Martin ein gutes Frühstück zu bereiten, dann sollten sie alle weiter suchen helfen. Nun es hell war, konnte man auch besser in die Schluchten und Tiefen hinabsteigen.

Als Herr Feland bei Martin eintrat, saßen die Männer noch am Tisch und besprachen eifrig, was nun zu tun sei. Der Seppli stand neben seinem Vater und sperrte Augen und Ohren weit auf.

Herr Feland setzte sich neben Martin. Eine Stille trat ein. Alle sahen es ihm an, wie groß Angst und Kummer in seinem Innern waren. Plötzlich sagte der Seppli trocken: „Ich weiß schon, wo sie ist."

„Mußt nicht so unnütz reden, Seppli", verwies ihn der Vater in seiner sanftmütigen Weise, „du warst ja oben beim Heuen, während sie sich verlaufen hat. Du kannst nichts davon wissen."

Herr Feland fragte nach Seilen und anderen notwendigen Dingen, und während darüber verhandelt wurde, sagte Seppli halblaut, aber ganz hörbar: „Ich weiß doch, wo sie ist."

Herr Feland stand auf, faßte ihn bei der Hand und sagte freundlich: „Junge, sieh mich an und sag mir's aufrichtig: weißt du etwas von dem Kinde?"

„Ja", war die kurze Antwort.

„So sprich doch, Junge! Hast du das Kind gesehen? Wo ist sie hingegangen?" fragte Herr Feland in wachsender Aufregung.

„Ich will's zeigen", antwortete der Seppli und ging der Tür zu. Alle standen auf, sie sahen einander an. Keiner wußte, ob mit dem wahrscheinlich unnützen Gang Ernst gemacht werden sollte. Herr Feland aber ging ohne Zögern dem Buben nach.

„Seppli, Seppli", sagte Vater Martin warnend, „ich meine fast, du versprichst, was du nicht halten kannst."

Der Seppli aber trottete fest weiter, Herr Feland folgte, die Männer kamen zögernd nach.

Als der Junge dem Gehölz zusteuerte, standen sie still, und einer sagte: „Es ist ja ganz zwecklos, dem Buben dahin zu folgen. Wir haben den ganzen Wald durchsucht und nichts gefunden. Wir gehen nicht." Martin berichtete das Herrn Feland, und daß er selbst den Worten des Buben nicht glaubte. Seppli marschierte indes immer weiter, und auch Herr Feland und Martin entschlossen sich zu folgen. Seppli wanderte unentwegt in das Gehölz hinein. Plötzlich bog er links ab gegen die alten Tannen, wo man bald etwas Rotes durchschimmern sah. Der Seppli steuerte gerade darauf los, mitten durch Gestrüpp und stechende Distelbüsche bis zu einem lichten Plätzchen, wo mehrere große Büsche hintereinander standen, alle mit roten Blumen bedeckt. Hier stand er still und schaute ein wenig verblüfft umher. Er hatte offenbar erwartet, Rita da zu finden. Dann setzte er entschlossen seinen Weg fort. Die Blumenbüsche wurden seltener, aber immer größer. Bei jedem stand der Seppli einen Augenblick still und schaute rundum, dann ging er weiter, immer nach links.

„Nein, Seppli, jetzt geht's nicht weiter", rief der Vater, „dort kommen wir an die große Felsenwand."

Aber in Augenblick schimmerte es wie Feuer durch die Bäume. Die Sonne glühte auf einem über und über mit roten

Blumen bedeckten Strauch. Der Seppli lief schnell darauf zu, war dann dicht an der Felswand, die schroff und steil in den tiefen Abgrund führte. Seppli guckte rundum über die Blumen den Felsen hinab. Dann drehte er sich um. Herr Feland stand hoffnungslos hinter ihm: der Weg hörte auf, und das Kind war nicht gefunden! Martin faßte den Buben bei der Hand und wollte ihn von der gefährlichen Stelle zurückziehen. Da sagte der Seppli in seiner trockenen Weise: „Da unten liegt sie." Herr Feland stürzte vor, beugte sich über den Abgrund — eine Totenblässe überzog sein Gesicht. Er trat zurück, am nächsten Baum mußte er sich festhalten, so zitterten ihm die Knie. Er winkte Martin. Dieser hielt den Seppli noch fest an der Hand. Jetzt trat er an den Rand und schaute in die Tiefe. Hier und da hing einiges Gebüsch am Abgrund. Schon in einer schauerlichen Tiefe hatte der Fels einen kleinen Vorsprung wie eine schmale Platte. Hier lag, ganz an den Felsen angeschmiegt, regungslos ein kleines Wesen, das Gesichtchen an den Stein gedrückt.

„Gott im Himmel, es ist wahr, da liegt sie!" sprach Martin erschüttert, „aber ob lebendig oder —", er sprach das Wort nicht zu Ende, ein Blick auf Herrn Feland schloß ihm die Lippen. Dieser sah aus, als könnte er selbst gleich tot hinfallen. Doch er faßte sich.

„Martin", sprach er tonlos, „es ist keine Zeit zu verlieren, eine Bewegung, und das Kind liegt im Abgrund. Wer steigt hinunter? Wer holt es?"

Die anderen Männer kamen jetzt auch herzu. Hoffnungslos, aber neugierig, waren sie dem kleinen Führer doch noch gefolgt. Auch sie schauten jetzt, einer nach dem anderen, an der Felswand hinunter.

„Hört, ihr Männer", sagte Herr Feland mit bebender Stimme, „es ist kein Augenblick zu verlieren. Wer will es tun?

Wer hilft, wer wagt es?"

Die Männer blickten einander an, alle jedoch blieben stumm. Einer trat wieder an den Rand, schaute hinunter, kehrte dann um, zuckte die Achseln und ging fort.

„Wenn man nur bestimmt wüßte, daß sie noch lebendig ist", sagte ein anderer. „Aber man wagt sein Leben, und vielleicht nur, um ein Totes zu holen."

„Wer weiß, ob das Kind nicht lebt", rief Herr Feland fast außer sich, „und wenn es sich bewegt, ist es unrettbar verloren! Oh, ist es nicht möglich?"

„Es wäre schon lange unten, wenn es noch lebte, so still liegt keines", sprach einer. „Und, Herr, wenn man dort hinabrollt, dann hilft auch der beste Lohn nichts mehr."

Achselzuckend trat einer nach dem anderen zurück. Herr Feland schaute verzweifelnd um sich. Es war keine Aussicht mehr auf Hilfe. „Ich will es selbst tun", rief er außer sich, „sagt mir nur, wie?"

Jetzt trat Martin zu ihm heran.

„Nein, Herr", sagte er ruhig, „das geht nicht, dann sind Sie beide verloren, das ist sicher. Aber ich will's tun mit Gottes Hilfe. Ich habe auch solche Kleinen, ich weiß, wie es dem Herrn zumute sein muß."

Schon ehe er ausgeredet, hatte er das große Seil an dem Stamm der alten Tanne festgemacht, er hatte beschlossen, das Kind dem Vater heraufzuholen, sei es nun tot oder lebendig. Jetzt nahm er seine Mütze ab, betete leise, faßte das Seil und glitt die Felswand hinab.

Er kam bei der schmalen Felsplatte an. Leise, leise nahte er sich dem Kind; denn war es am Leben und erschrak vor ihm — nur eine rasche Bewegung, und noch im letzten Augenblick war es verloren. Es lag ohne Regung da. Martin bückte sich und legte seine breite, feste Hand auf das Kind. In demselben

Augenblick wollte es sich rasch umwenden und wäre dann unrettbar hinabgestürzt. Aber Martins Hand lag fest auf ihm. Das Kind drehte den Kopf; ein paar große, verwunderte Augen schauten den Mann an.

„Gott sei Lob und Dank!" sagte Martin tief aufatmend. „Sag du auch so, Kleines, wenn du noch reden kannst!"

„Ja, ich kann schon noch reden! Gott sei Lob und Dank!" sagte das Kind mit ganz frischer Stimme.

Martin schaute in höchster Verwunderung auf das völlig unverletzte Kind.

„Du mußt unserem Herrgott besonders lieb sein, an dir hat er Wunder getan. Das mußt du dein Lebtag nicht vergessen, Kleines", sagte er andächtig. Dann hob er mit seiner festen Rechten das Kind zu sich empor. „So, nun mußt du mich mit beiden Armen um den Hals fassen, aber recht fest, so, als wenn ich dein lieber Vater wäre. Denn siehst du, ich kann dich nicht halten, ich habe mit beiden Händen genug zu tun, daß wir hinaufkommen."

„Ja, ja, ich will schon festhalten", versicherte Rita und umklammerte den Martin so fest, daß er kaum atmen konnte. Aber wie froh war er!

Er begann nun, die Felswand hinaufzuklettern. Es war keine leichte Arbeit. Zuweilen mußte er einen Augenblick ausruhen. Oben stand Herr Feland, und die Männer schauten mit angehaltenem Atem hinunter, wie der Mann über dem Abgrund schwebte. Wird er die Anstrengung aushalten? Wird er heraufkommen? Oder wird ihn die Kraft verlassen? Wird er ausgleiten und mit dem Kinde in die dunkle Tiefe stürzen?

Näher und näher kamen sie — nur noch das letzte, furchtbar steile Felsstück — da — „Gott sei gedankt!" rief atemlos Martin, als er den letzten Schritt über den Rand tat. Er nahm das Kind von seinem Halse und legte es dem zitternden Vater in die Arme.

Herr Feland mußte sich setzen. Er hielt sein Kind und schaute es stumm an, als könnte er sein Glück noch nicht fassen. „Oh, Papa, ich bin so froh“, sagte Rita und schlang beide Arme liebkosend um seinen Hals. „Aber ich wußte wohl, daß du mich am Morgen holen würdest.“

Martin war an die Seite getreten. Mit gefalteten Händen schaute er auf Vater und Kind, und vor Freude fielen ihm jetzt die Tränen über das gebräunte Gesicht herab. Seppli hatte sich an ihn geschmiegt und hielt ihn fest, er hatte begriffen, daß der Vater in großer Gefahr gewesen war.

Jetzt trat Herr Feland, sein Kind auf dem Arm, zu Martin heran. Er streckte dem Retter seine Hand entgegen: „Ihr begreift es wohl, Martin, daß ich jetzt erst tue, was ich zuallererst hätte tun sollen“, sprach er mit bewegter Stimme. „Ich danke Euch, wie nur einer danken kann, dem das Leben wiedergegeben ist. Ich vergesse es nie, daß Ihr Euer Leben daran gewagt habt, mein Kind zu retten.“

Die beiden Männer drückten einander die Hände, und Martin sagte treuherzig: „Es ist mir ein schöner Lohn, daß ich Euch das Kleine so ohne Schaden zurückbringen konnte.“

„Ich sehe Euch heute noch einmal, jetzt müssen wir zur Mutter“, sagte Herr Feland und trat, die Kleine fest am Arm haltend, den Rückweg an. Martin, seinen Seppli an der Hand, und die anderen folgten.

Wie sie nun zusammen durch den Wald gingen, sagte Martin zu seinem Buben: „Jetzt sag mir, Seppli, woher wußtest du, daß das Kleine sich gerade dahin verlaufen hatte?“

„Weil sie zu den roten Blumen wollte“, erwiderte Seppli.

„So? Aber woher wußtest du denn, daß sie gerade dort bei dem Felsen sein konnte?“

„Weil sie nicht beim ersten Busch war, so war sie weiter gegangen, weil dann immer noch schönere Blumen kommen, und der allerschönste Busch ist zuletzt am Felsen. Aber ich wußte nicht, daß sie hinabgefallen war", berichtete der Seppli.

Jetzt war Herr Feland bei seiner Wohnung angekommen. Er trat ein und öffnete die Tür des Schlafzimmers. Ella saß noch am Bett und hielt die Hand der Mutter fest. Diese lehnte erschöpft ihren Kopf in die Kissen, die Augen waren geschlossen. Herr Feland trat herzu und setzte Rita mitten auf das Bett der Mutter.

„Guten Morgen, Mama! Hast du auch gut geschlafen?" rief Rita ganz fröhlich, wie sie jeden Morgen tat, wenn sie kam, die Mutter zu umarmen. Diese öffnete die Augen und starrte ihr Kind an. Dann plötzlich faßte sie es, drückte es mit aller Macht an ihr Herz, und Tränen unsäglicher Freude strömten ihr aus den Augen. Sie konnte kein Wort sprechen, nur immerfort dem lieben Gott danken in ihrem Herzen.

Ella hielt die kleine Schwester fest bei der Hand und sagte: „Bist du wieder da, Rita? Wo warst du denn die ganze Nacht so allein?" Allmählich berichtete der Vater, wie und wo er Rita gefunden, und wie Martin sein Leben gewagt, um das Kind zu retten. Ein Schauer überlief die Mutter bei der Schilderung. Sie drückte das Kind noch einmal fest an sich, als sie sich die furchtbare Gefahr vorstellte, in der es die ganze Nacht hindurch geschwebt hatte.

„Oh, hast du dich denn nicht fast zu Tode gefürchtet?" fragte Ella, die vor Mitleid dauernd mit den Tränen kämpfte.

„O nein, ich habe mich nicht gefürchtet", berichtete Rita fröhlich. „Jetzt will ich erzählen, wie es geschehen ist. Zuerst wollte ich zu Papa und ihn fragen, ob ich jetzt mit dem Seppli zu den roten Blumen gehen dürfe. Aber der Papa war fort. Da dachte ich, er würde es mir wohl erlauben, weil ich doch schon gestern so gern gehen wollte und dann nicht durfte, und dann ging ich zu Seppli. Aber der war auch fort. Da dachte ich, die roten Blumen finde ich schon allein, der Seppli hat mir ja gesagt, wohin man gehen muß. Dann bin ich in den Wald hinaufgegangen, habe aber lange, lange gesucht und sie nicht gefunden. Aber auf einmal habe ich einen roten Schimmer hinter den Bäumen gesehen und bin hingelaufen. Zuerst waren nur wenig Blumen da. Aber der Seppli hatte gesagt, man müsse ins Gehölz hineingehen und dann immer weiter. So ging ich immer noch weiter, und es kamen immer mehr Blumen, und zuletzt kam ein großer Busch mit soviel schönen roten Blumen! Die leuchteten so prachtvoll, und ich wollte sie alle, alle haben, und da bin ich auf einmal hinuntergefallen und auf einem kleinen Rasenstück liegen geblieben. Aber es war nur schmal, und darum bin ich ganz nahe an den Felsen herangerückt und habe gedacht: ich will nur ganz still liegen, der Papa kommt dann schon und holt mich. Aber dann wurde ich müde — und es ist auch schon ein wenig Nacht geworden —, und ich habe gedacht, jetzt muß ich gewiß schlafen, und am Morgen kommt dann der Papa und holt mich. Dann habe ich gedacht, jetzt muß ich noch beten, daß mir der liebe Gott die Englein schickt, daß sie mich beschützen, wenn ich schlafe, und ich habe gebetet:

„Breit aus die Flügel beide,
O Jesu, meine Freude,
und nimm dein Küchlein ein!
Will Satan mich verschlingen,
so laß die Englein singen:
Dies Kind soll unverletzet sein."

Dann habe ich ganz gut geschlafen, bis der Mann kam, und

ich wußte gleich, daß ihn der Papa geschickt hatte."

Mit Beben war die Mutter der Erzählung gefolgt. Der Vater konnte seine Freude über die Rettung nicht verbergen.

„Aber nun geht meine kleine Heuschrecke keinen Schritt mehr allein", sagte er jetzt in so ernstem Ton, wie er ihn in der Freude seines Herzens finden konnte.

Die Mutter aber hatte noch nicht gehört, wer die Suchenden endlich auf die richtige Spur geführt hatte. Sie wollte aber alles genau wissen. Nun fiel dem Vater der Seppli ein, und daß dieser eigentlich der erste gewesen sei, der Rita aufgespürt hatte.

„Den braven Jungen müssen wir besonders bedenken", sagte er, und Rita, die diesen Gedanken gleich mit Begeisterung erfaßte, strebte sofort vom Bett hinunter, um die Sache gleich auszuführen.

Was aber sollte die Belohnung für Seppli sein? Was konnte sie ihm auf der Stelle bringen?

„Er soll einmal einen großen Wunsch tun", sagte der Vater, „wir wollen sehen, was sein Herz erfreuen könnte."

„Kann ich gleich zu ihm?" fragte Rita eilig.

Der Papa wollte mitgehen, um gleich mit Vater Martin zu sprechen und auch die anderen Männer zu belohnen. Rita hüpfte vor Freude durch die ganze Stube, sie war voll großer Gedanken für den Seppli.

„Aber Papa, wenn er sich nun eine Menagerie mit den allergrößten Tieren wünscht, die es gibt?" fragte sie.

„Dann bekommt er sie", war die bestimmte Antwort.

„Aber Papa", folgte gleich darauf wieder, „wenn er sich einen Husarenanzug wünscht und einen krummen Säbel dazu, wie Vetter Karl ihn hat?"

„Bekommt er ihn auch!" war die Antwort.

Jetzt schoß Rita auf Seppli zu, der gerade vor der Haustür

stand.

„Komm, Seppli!“ rief sie, „jetzt kannst du dir das Allerschönste wünschen, was es gibt.“

Der Seppli schaute Rita mit gerunzelter Stirn an, als ob ihre Worte etwas, das ihm schwer auf dem Herzen lag, wieder geweckt hätten. Endlich sagte er niedergeschlagen: „Das nützt nichts.“

„Doch freilich, das nützt“, erwiderte Rita, „weil du mich gefunden hast, kannst du wünschen, was du willst, und du bekommst es, der Papa hat es gesagt. Jetzt denk einmal nach, und dann sag etwas!“

Allmählich schien Seppli die Sache zu begreifen. Er schaute Rita noch einmal prüfend an, ob es auch wirklich im Ernst gemeint sei. Dann holte er tief Atem und sagte: „Eine Geißel mit einem gelben Zwick.“

„Nein, Seppli, das ist gar nichts“, erwiderte Rita ganz unwillig, „so etwas mußt du nicht wünschen. Denk noch einmal nach, was das Allerschönste ist, und das mußt du wünschen.“

Seppli sann gehorsam nach, holte noch einmal tief Atem und sagte: „Eine Geißel mit einem gelben Zwick.“

Jetzt trat Herr Feland mit den Männern aus dem Hause; diese entfernten sich unter vielen Danksagungen, Martin blieb unter der Tür stehen.

„Euch habe ich noch nichts angeboten, Martin“, sprach Herr Feland. „Euch möchte ich meine Dankbarkeit vorerst in einer Weise dartun, die Euch eine rechte Freude macht. Sagt, habt Ihr irgendeinen besonderen Wunsch?“

Martin drehte die Mütze ein wenig in den Händen herum, dann sagte er zögernd: „Ich habe schon lange einen großen Wunsch — aber den darf ich nicht sagen. Nein, nein, er hätte mir nicht in den Sinn kommen sollen.“

„Sagt ihn frei heraus“, ermunterte Herr Feland, „vielleicht kann ich helfen.“

„Ich habe immer gedacht“, fuhr Martin zögernd fort, „wenn ich es nur einmal soweit bringen könnte wie mein Nachbar drüben, daß ich daran denken dürfte, eine Kuh zu kaufen. Ich habe ziemlich viel Heu und könnte dann ohne Sorgen meinen Haushalt durchbringen.“

„Es ist gut, Martin“, sagte Herr Feland, „wir sehen uns wieder“, dann nahm er Rita bei der Hand und schlug mit ihr den Rückweg ein.

„Und was wünscht sich denn dein Freund Seppli?“ fragte er.

„Oh, der ist dumm!“ rief Rita, „er will nur eine Geißel mit einem gelben Zwick! Ist ja gar nichts.“

„Doch, doch, das ist etwas“, versicherte der Vater. „Siehst du, jedes Kind hat seine eigenen Freuden. Dem Seppli wird eine solche Geißel gerade dieselbe Freude machen wie dir die allerschönste Puppenstube.“

Auf diese Erklärung hin gab sich Rita zufrieden.

Am folgenden Tage hatte Herr Feland eine Reise ins Tal hinunter zu machen. Rita wußte wohl, warum, und hüpfte vor Freude den ganzen Morgen lang. Der Papa ging aber nicht, ohne seiner kleinen Heuschrecke einzuschärfen, daß sie keinen Schritt allein vom Hause weggehen dürfte, und Fräulein Hohlweg erhielt strenge Anweisung. Diese hatte aber in der Schreckensnacht solche Angst ausgestanden, daß die Ermahnung nicht nottat. Sie hatte im Sinn, von jetzt an kein Auge mehr von Rita abzuwenden, was ihr aber doch sehr schwer werden mochte.

Zwei Tage darauf, als Martin sich gerade mit den Seinen an den Tisch zu den dampfenden Kartoffeln gesetzt hatte, ertönte vor dem Häuschen ein starkes Gebrüll — noch einmal und zum drittenmal!

„Dem Kaspar muß seine Kuh fortgelaufen sein“, sagte Martin und stand auf, um sie einzufangen. Das mußte Seppli auch sehen! Eilig lief er dem Vater nach, das Martheli, der Friedli und das Betheli folgten und hinter ihnen die Mutter, um alle wieder zurückzuholen.

Draußen aber stand Vater Martin in regungslosem Staunen, und alle anderen neben ihm sperrten die Augen weit auf. Die Mutter aber, die jetzt hinzukam, schlug die Hände zusammen und konnte vor Verwunderung kein Wort hervorbringen. Am Hause angebunden stand eine glänzend braune Kuh, so groß und prächtig, wie nur hier und da bei den reichen Bauern eine zu sehen war. An dem einen Horn war eine Peitsche befestigt, die hatte eine weiße feste Lederschlinge mit einem dicken, seidenen Zwick daran, der flimmerte wie Gold in der Sonne!

An den Peitschenstiel war ein Papier gebunden, darauf stand mit großen Buchstaben: „Für den Seppli!“

Martin nahm die Peitsche herunter und gab sie dem Buben. „Sie ist dein“, sagte er.

Seppli hielt seine Geißel in der Hand: das Schönste und Herrlichste, was er sich denken konnte, war sein Eigentum! Und dazu war noch eine Kuh da, die konnte man auf die Alp treiben und dazu mit der Geißel knallen, wie der Jörg und der Chäppli.

Seppli erfaßte mit strahlenden Augen seine Geißel, drückte sie an sich und hielt sie so fest, als wollte er sagen: „Keine Macht der Erde kann mich davon trennen!“ Martin und seine Frau konnten nicht genug das prächtige Tier anschauen; daß es ihnen aber gehören sollte, kam ihnen wie ein Wunder vor.

Endlich sagte Martin: „Sie brüllt, weil sie die Milch hergeben will. Seppli, hol die Becken, wir wollen es uns wohl sein lassen.“

Zwei große Becken voll der schäumenden, frischen Milch wurden gefüllt und zu den Kartoffeln auf den Tisch gestellt, dann begleiteten alle im Triumph die Braune nach dem Stall.

Drüben vor dem Nachbarhäuschen stand Herr Feland mit seinen Kindern. Sie wollten zuschauen, wie die Braune empfangen wurde, auch mußte Rita durchaus wissen, welchen Eindruck die Geißel machen würde, die sie selbst mit großen Buchstaben für den Seppli bezeichnet hatte.

Als Frau Feland sich von den großen Aufregungen erholt hatte, wanderte die ganze Familie nach der Felsenwand hinauf, um noch einmal dem lieben Gott aus vollem Herzen an dem Orte selbst Lob und Dank zu sagen, wo er seine schützende Hand so sichtbar über das Kind gebreitet hatte.

Vom This, der doch etwas wird

Alle gegen einen

Wenn man von der hinteren Seite den Seelisberg hinansteigt, kommt man auf eine Stelle, wo die grüne Weide so frisch und glänzend an dem Abhang liegt, daß man fast Lust bekommt, sich dort unter die friedlich weidenden Tiere zu mischen und auch einmal ein wenig von dem schönen, weichen Gras zu versuchen. Die sauberen, wohlgenährten Kühe ziehen läutend immer hin und her, jede Kuh trägt am Halse ihre Glocke, damit man stets hört, wo sie ist, und keine sich unbemerkt zu weit gegen die Seite verlaufen kann, wo die von Sträuchern bedeckte Felswand liegt, über die sie hinunterstürzen könnte. Es ist freilich ein ganzes Rudel Buben dort, die schon achtgeben könnten; aber die Glocken sind doch notwendig und tönen so freundlich, daß sie keiner entbehren möchte. Am Bergabhang stehen hier und da vereinzelt die kleinen hölzernen Häuser, und nicht selten rauscht daneben ein schäumender Bach ins Tal hinab. „An der Halde“ heißt es hier oben, denn nicht eines der Häuschen steht auf dem ebenen Boden. Es ist, als wären sie an den Berg hingeworfen worden und da hängen geblieben; man begreift gar nicht, wie sie da oben an die Halde hingebaut werden konnten. Vom Wege unten sehen die Häuschen alle gleich nett und freundlich aus mit den offenen Galerien und den kleinen, hölzernen Treppen. Steigt man aber hinauf und kommt in die

Nähe, so sieht man, daß ein großer Unterschied zwischen ihnen ist. Gleich die zwei ersten an der Halde sehen in der Nähe ganz ungleich aus. Sie stehen nicht weit voneinander, doch sind sie ganz getrennt. Der größte Bergbach der Gegend, der schäumende Schwemmebach, stürzt zwischen beiden von der Höhe hinunter. Am ersten Häuschen blieben auch an den schönsten Sommertagen alle die kleinen Fenster fortwährend fest zugeschlossen, und die wenige Luft, die hineindrang, kam durch die Löcher der zerbrochenen Scheiben. Die Löcher waren wieder mit Papier verklebt, damit man im Winter drinnen nicht friere. An dem hölzernen Treppchen waren die Bretter alle halb abgebrochen und die Galerie so zerfallen, daß es nur ein Wunder war, daß alle die kleinen Kinder, die da herumrutschten und -stolperten, nicht Arme und Beine brachen. Sie hatten alle gesunde aber recht unsaubere Glieder. Die Kinder waren alle mit Schmutz überdeckt, und in die Haare war noch keinem von ihnen ein Kamm gekommen. Vier solch kleiner Schmutzfinken krochen den Tag über da herum. Am Abend kamen vier größere Kinder dazu, drei kräftige Buben und ein Mädchen, die auch nicht besonders sauber und ordentlich aussahen, doch ein wenig besser als die Kleinen, sie konnten sich schon selbst waschen.

Das Häuschen über dem Bach drüben hatte einen ganz anderen Charakter. Da sah es schon unten vor der kleinen Treppe so sauber und aufgeräumt aus, als sei der Erdboden ein ganz anderer als dort drüben. Die Stufen waren immer anzusehen, als wären sie eben gescheuert, und oben auf der Galerie standen drei schöne Nelkenstöcke und dufteten den ganzen Sommer lang ins Fenster hinein. Eines von den kleinen, hellen Fenstern stand offen und ließ die schöne, sonnige Bergluft herein. Dort konnte man eine noch rüstig und kräftig aussehende Frau sitzen sehen mit schönem weißem Haar, das sie sehr ordentlich unter das schwarze Häubchen zurückgestrichen hatte. Sie flickte an einem Männerhemd von grobem, festem Zeug, das sauber gewaschen war. Die Frau selbst sah auch in ihrem einfachen Gewand so schmuck und reinlich aus, als wäre noch nie etwas unsauberes an sie herangekommen. Es war Frau Vizenze, die Mutter des jungen Sennen, des fröhlichen Franz Anton mit den kräftigen Armen. Der machte im Sommer in der oberen Sennhütte seinen Käse, und erst im Spätherbst zog er wieder zur Mutter herunter, um den Winter bei ihr zuzubringen. Da über den reißenden Schwemmebach kein Steg führte, waren die zwei Häuschen getrennt, und Frau Vizenze kannte Leute, die viel weiter weg wohnten, besser als diese Nachbarn über dem Bach, zu denen sie nur stumm hinüberschaute. Gewöhnlich schüttelte sie dann den Kopf, wenn sie drüben an den Kindern die schwarzen Gesichter und schmutzigen Fetzen gewahrte und den Bach mit dem schönen Wasser so nahe erblickte. Sie schaute aber nicht oft hinüber, der Anblick gefiel ihr nicht. Lieber betrachtete sie, wenn das Feierabendstündchen kam, ihre roten Nelken auf der Galerie, oder sie schaute über den grünen sonnigen Abhang hinunter, der vor ihrem Häuschen zum Tal hinabstieg.

Die verwilderten Kinder über dem Bach gehörten dem Hälmli-Sepp, der seine Arbeit außer Haus beim Holzfällen oder Heumachen suchte oder auch Lasten den Berg hinauftrug. So war er meistens fort, unten im Tal oder auf den Wegen herum. Seine Frau hatte daheim genug zu tun, und sie schien anzunehmen, so viele kleine Kinder könnte man nicht in Ordnung halten, und später würde es dann von selbst besser. So ließ sie alles gehen, wie es ging, und in der schönen, reinen Luft bleiben sie auch alle gesund und munter und ließen sich's, auf dem Grasboden herumrutschend und krabbelnd, wohl sein. Zur Sommerzeit waren die vier Größeren den ganzen Tag draußen, da oder dort angestellt, die Kühe zu hüten. An der Halde geht es nicht zu wie auf den Hochalpen, wo die ganze Herde zusammen weidet und nur von einem oder zwei Hirten bewacht wird. Hier schickt jeder seine Kühe auf das umliegende Weideland hinaus und muß sie hüten lassen. Das ist immer eine lustige Zeit für alle Buben und Mädchen, die sich dort zu jeder Tageszeit zusammenfinden und allerlei fröhliche Sachen auf den weiten, grünen Weiden treiben. Zuweilen waren die Kinder auch weiter unten im Tal zum Kartoffeljäten angestellt oder zu anderen leichteren Arbeiten auf den Feldern. So verdienten sie dann den ganzen Sommer durch ihren Unterhalt und brachten manchen Batzen nach Hause, den die Mutter gut brauchen konnte. Sie hatte ja immer noch die vier Kleinen zu ernähren und für alle acht die Kleider zu schaffen. Wenn diese auch noch so einfach waren, ein Hemdlein mußte doch jedes haben, und die vier Großen noch ein Stück dazu. Eine Kuh hatte der Hälmli-Sepp auch nicht, wie sonst fast alle Bauern um ihn herum.

Hälmli-Sepp hieß der Mann gerade darum, weil die Halme auf seinem Besitztum nicht dick genug waren, um eine Kuh zu ernähren. Mit diesem Namen wollte man das geringe Wachstum auf seinem Grundstücke kennzeichnen. Er hatte nur eine Geiß und ein Stück Kartoffelland; damit mußte die Frau mit den vier Kleinen den Sommer durch auskommen und auch hier und da noch eines der Größeren speisen, wenn es draußen keine Arbeit fand. Der Vater kam im Winter wohl dann und wann heim, brachte aber wenig mit; denn sein Häuschen und Acker waren so verschuldet, daß er das ganze Jahr durch etwas abzuzahlen hatte. Sobald er nur wieder ein wenig Lohn erhielt, kam einer, dem er schuldig war, und nahm ihm weg, soviel er fand.

So mußte die Frau mit den Kindern recht schmal leben. Sie konnte auch manchmal eine ganze Zeitlang auf der verfallenen kleinen Galerie stehen bleiben; und anstatt eines oder das andere von den Stücken, die auch noch wegfallen wollten, wieder ein wenig festzunageln, schaute sie über den Bach zu dem schmucken Häuschen der Sennerin hinüber, dessen Scheiben in der Sonne glänzten, und sagte dann verzweifelt vor sich hin: „Ja, die dort kann schon putzen und alles sauber haben, die hat sonst nichts zu tun, aber unsereins!" Dann ging sie wieder in großem Ärger in die dumpfe, luftlose Stube zurück, und an dem, der ihr zuerst in den Weg kam, ließ sie ihren Ärger aus. Das traf nun meistens einen Buben von zehn oder elf Jahren, der nicht ihr eigener war, aber schon seit seiner Geburt im Häuschen wohnte. Dieser kleine Bursche, von jedermann nur „der dumme This" genannt, sah so mager und dürftig aus, daß man ihn kaum für achtjährig gehalten hätte. Er schaute auch so scheu und verschüchtert drein, daß niemand recht wußte, wie der This eigentlich aussah. Er blickte immer furchtsam auf den Boden, wenn man zu ihm sprach. This hatte nie eine Mutter gekannt. Sie war gestorben, als er kaum zwei Jahre alt war. Sein Vater war nicht lange nachher über die Felsen hinuntergefallen, als er vom Wildheuen in den Bergen herunterkam und den Weg abkürzen wollte. Von dem Falle her war er lahm geworden und konnte nichts mehr tun, als kleine Matten zusammenflechten, die er meistens in dem großen Gasthof oben auf dem Seelisberg verkaufte. Der kleine This hatte seinen Vater nie anders gesehen, als auf einem Schemel sitzend, eine Strohmatte auf den Knien. Alle Leute hatten ihn „den lahmen Matthis" genannt. Schon seit sechs Jahren war er tot, und da er im Häuschen vom Hälmli-Sepp einen kleinen

Verschlag als Schlafstätte mit seinem Büblein gemietet hatte, blieb dieser nach des Vaters Tod gleich an demselben Ort. Die wenigen Batzen, die für den kleinen This von der Gemeinde bezahlt wurden, waren der Frau des Hälmli-Sepp sehr erwünscht, und in den Verschlag hinein konnte sie nun noch zwei von ihren Buben stecken, für die schon lange fast kein Platz zum Schlafen mehr da war. Der kleine This war von Natur aus ein schüchternes und stilles Büblein. Seinem Vater, der erst seine Frau verloren, dann das andere große Unglück gehabt hatte, war aller Lebensmut ausgegangen, und hatte er vor seinem Unglück wenig geredet, so sagte er nun fast gar nichts mehr. So saß der kleine This ganze Tage lang neben seinem Vater, ohne ein Wort zu hören, und so lernte auch er lange keines sagen. Als er dann seinen Vater verloren hatte und nun ganz zu der Haushaltung des Hälmli-Sepp gehörte, redete er fast gar nicht mehr. Er wurde von jedem angefahren und hin- und hergestoßen, weil er sich nie wehrte. Zu all den Püffen, die er von den Kindern auszustehen hatte, kamen dann noch die bösen Worte der Frau, wenn sie ihren Ärger über das saubere Häuschen der Sennerin loswerden mußte. Der This wehrte sich aber nie, er hatte das Gefühl, die ganze Welt sei wider ihn, und so nütze doch alles nichts. Nach und nach wurde der Bub von alledem so scheu und verschüchtert, daß es war, als merke er kaum, was um ihn her vorging. Meistens gab er auch gar keine Antwort, wenn man ihn anrief, sah überhaupt immer so aus, als suche er nach einem Loch, wo er in die Erde hineinkriechen könnte, daß ihn keiner mehr fände. So war es gekommen, daß die vier Großen vom Hälmli-Sepp: der Jopp, der Hans, der Ulli und das Lisi schon manchmal zu ihm gesagt hatten: „Du bist doch ein dummer This", und daß es die vier Kleinen auch nachsagten, sobald sie nur reden konnten. Da sich der This niemals dagegen wehrte, hatten nach und nach alle Leute angenommen, es werde wohl so sein, und er wurde weit und breit nur noch „der dumme This" genannt. Es war auch wirklich, als ob der This nichts recht verrichten könnte. Sollte er die Kühe hüten helfen, und war er mit all den anderen Buben zusammen, so suchte er gleich eine Hecke oder einen Busch, um sich dahinter zu verstecken. Da saß er dann meistens zitternd vor Furcht. Er hörte wohl, wie die anderen Buben ihn mit großem Geschrei suchten, er sollte mitspielen. Diese Spiele endeten aber immer mit vielen Prügeln, und die trafen regelmäßig den This am stärksten, da er sich nicht wehrte und gegen die viel Stärkeren auch nicht wehren konnte. So verkroch er sich, sobald er konnte, und derweilen liefen seine Kühe, wohin sie wollten, und fraßen auf der Weide der Nachbarn. Das gab dann vielen Verdruß, und jeder fand, der This sei zu dumm, um selbst die Kühe zu hüten, und keiner stellte ihn mehr an. Ebenso ging es bei den Arbeiten auf dem Felde, wenn die Buben zum Jäten auf den Kartoffelfeldern angestellt waren. Da warfen sie sich mit Vorliebe die grünen Früchte der Kartoffelstauden an den Kopf, schon, damit die Zeit etwas kurzweiliger verginge, und jeder gab dem anderen reichlich zurück, was er empfangen hatte. Der This gab aber nichts zurück, sondern scheu und furchtsam schaute er nach allen Seiten, von woher er wohl getroffen werden könnte. Das war, was die anderen gern wollten, und so flogen ihm unter vielem Lachen von allen Seiten die grünen Beeren auf den Rücken, an den Kopf und wohin es gerade traf. Während aber die anderen Zeit hatten, dazwischen zu arbeiten, versuchte der This nur immer auszuweichen und sich hinter den Kartoffelstauden zu verstecken. So war es auch mit dieser Arbeit nichts, und jung und alt dachten, der This sei zu aller Arbeit zu dumm, und aus dem This könne nie etwas werden. Weil er nun gar nichts verdienen und ja auch nie etwas werden konnte, wurde er auch von der Frau des Hälmli-Sepp danach gehalten und behandelt. Wenn schon die eigenen vier kleinen Kinder kaum genug zu essen hatten, so geschah es meistens, daß für den This gar nichts mehr übrig blieb, und es hieß dann: „Du wirst wohl etwas finden, du bist groß genug." Wie der This eigentlich ernährt wurde, wußte niemand, auch die Hälmli-Seppin nicht, aber irgendwie lebte er doch.

Dem schmalen, mageren Buben gab schon hier und da eine gute Frau einen Brocken Brot oder eine Kartoffel, wenn er so still an ihrer Tür vorbeiging, ohne nur aufzusehen, der This bettelte nie. Satt hatte sich der This in seinem Leben noch nicht gegessen; aber das war ihm nicht so schrecklich wie die Verfolgung und das Auslachen der Buben, vor denen er immer scheuer wurde und sich immer mehr verkroch.

Bei der Schwemmebach-Sennhütte

An einem lieblichen Sommerabend, als in der blauen, sonnigen Luft alle Mücken tanzten, sprangen an der Halde alle Hüterbuben und Hütermädchen zusammen. Sie mußten heute etwas Besonderes zu verhandeln haben. Der Jopp, von allen der Größte, war der Leiter der Versammlung, und als alle Kinder anwesend waren, zeigte er an, daß man jetzt zur Schwemmebach-Sennhütte hinaufgehen wollte, heute sei der Käsfischtag. Nun müßte aber vor allem ausgemacht werden, wer dableiben und die Kühe hüten sollte, während die anderen sich zu dem Festmahl begaben. Das war nun eine schwierige Frage, nicht ein einziger hatte Lust, sich für die andren aufzuopfern und dazubleiben. Da kam der schlaue Ulli auf den Gedanken, man könnte einmal den dummen This zwingen, auf die Kühe acht zu geben, und damit er's nicht vergesse, könnte man ihn zum voraus ein wenig durchprügeln. Der Vorschlag fand Anklang, und schon wollten mehrere von den Anführern der Schar den This holen, als Lisi mit lauter Stimme dazwischen rief: „Das ist nichts Gescheites, was der Ulli erfunden hat. Denn wahrscheinlich bekommen wir alle den Lohn für das Fortlaufen, wenn wir wieder zurückkommen und die Kühe sich verlaufen haben. Ihr werdet doch nicht glauben, daß der This, wenn er zu dumm ist, zwei Kühe zu hüten, auf einmal zwanzig hüten kann. Man muß losen, und drei müssen bei den Kühen bleiben, sonst ist's nichts." Lisis Erklärung machte Eindruck, der neue Rat wurde angenommen. Drei aus der Schar wurden durch das Los zum Dableiben verurteilt, und gerade der Ulli war unter den dreien, die das Los getroffen hatte. Murrend und knurrend kehrte er der vom Glück begünstigten Schar den Rücken und setzte sich auf den Boden, die beiden anderen zu ihm. Mit lautem Schreien und Jauchzen stürzte nun die ganze Rotte den Berg hinan, dem unvergleichlichen Genuß entgegen. — Der Käsfischtag wurde immer von Franz Anton für die Kinder veranstaltet, die auch nie unterließen, ihn daran zu erinnern, wenn er es etwa vergessen hatte. Das war ein Hauptfest für sie. Das war der Tag, an dem der Franz Anton seine frischen Käse rundum beschnitt, nachdem diese als weiche Masse in die runde, hölzerne Form gepreßt worden waren. Was sich nun zwischen dem pressenden Gewicht und der Formwand von der Masse herausdrängte, wurde rundum abgeschnitten und war anzusehen wie eine lange, schneeweiße Wurst. Die wurde dann in viele Stücke gebrochen und von dem freundlichen Sennen unter die Kinder verteilt. Das waren die sogenannten Käsfische. Dieses Fest wiederholte sich den Sommer durch alle vierzehn Tage und wurde jedesmal mit lautem Freudengeschrei begrüßt.

This hatte sich hinter dem großen Distelbusch am Boden versteckt gehalten, während die Verhandlung vor sich ging. Er gab keinen Ton von sich und blieb unbeweglich in derselben Stellung, bis er hörte, daß die große Schar davonlief. Jetzt guckte er leise ein wenig hervor. Die drei Ausgestoßenen saßen grollend am Boden und kehrten ihm den Rücken. Die anderen waren schon ein gutes Stück die Alp hinaufgekommen, ihr Rufen und Jubeln schallte lustig von der Höhe hernieder. Den This erfaßte ein unwiderstehliches Verlangen, auch an der Käsfischfahrt teilzunehmen. Ganz behende schlüpfte er hinter dem Busch hervor, und leise und leicht wie ein Wiesel glitt er hinter den drei Unzufriedenen weg und den Berg hinan. Nach der letzten, steilen Halde kam eine kleine, glänzendgrüne Hochebene. Da stand die Sennhütte, und wenige Schritte davon entfernt rauschte der klare Schwemmebach nieder. Dort unter der Tür seiner Hütte stand der Franz Anton mit seinem runden, freundlichen Gesicht und lachte über die mannigfaltigen Sprünge, die jetzt die Buben und Mägdlein in ihrem Eifer, zu dem ersehnten Genuß zu gelangen, den Weg herauf machten. Jetzt waren sie alle bei der Hütte, und eines drängte das andere vorwärts, um noch näher dabei zu sein, wenn die Teilung beginnen würde.

„Nur langsam, nur langsam“, lachte jetzt der Franz Anton, „wenn ihr alle in die Hütte hineindrängt, hab ich keinen Platz mehr zum Käseschneiden, und ihr habt den Schaden.“ Jetzt nahm er sein festes Messer zur Hand und trat an den großen, runden Käse heran, den er schon vorher auf dem Tisch zurecht gelegt hatte. Das Umschneiden ging rasch vor sich. Dann kam er mit der langen, schneeweißen Wurst heran, und nun brach er davon ab und reichte hier ein Stück und da ein Stück hin, oft über die Köpfe der Großen weg den

Kleinen, die nicht vordringen konnten. Der Franz Anton war billig und gerecht in seiner Teilung.

This hatte zu allerhinterst gestanden, und wenn er ein wenig vordringen wollte, bekam er da einen Stoß und dort einen und flog so von einer Seite zur anderen. Der Franz Anton sah ihn gar nicht, weil sich immer wieder Größere und Dickere vor ihn hindrängten. Zuletzt bekam er einen so mächtigen Stoß von dem breiten, nach allen Seiten ausschlagenden Jopp, daß er weithin auf die Seite flog und sich fast überschlagen hätte. Die Teilung war nun schon gleich zu Ende, und der This sah wohl, daß er auch nicht zu dem kleinsten Stückchen Käsfisch gelangen konnte; so wollte er auch keine Schläge mehr. Er ging ein paar Schritte weiter hinunter, auf die Seite hin, wo die jungen Tannen standen, und setzte sich auf den Boden zwischen die Bäumchen hinein. Auf dem höchsten Wipfel des einen saß ein lustiger, kleiner Vogel und pfiff so fröhlich in die helle, sonnige Luft hinauf, als gäbe es gar nichts anderes auf der Welt als blauen Himmel und Sonnenschein. Da wurde dem This so wohl ums Herz, daß er fast das Leid vergaß, das ihm eben geschehen war. Von Zeit zu Zeit mußte er nach der Sennhütte hinüberschauen. Das Lärmen und Jauchzen, wenn immer einer dem anderen sein Stück Käsfisch wieder abgejagt hatte, nahm kein Ende. Dann sah er immer noch, wie jedes drüben mit einem größeren oder kleineren Brocken der schönen weißen Masse dastand und mit Wonne hineinbiß. Er seufzte dann ein wenig und sagte leise: „Wenn ich nur auch einmal ein einziges Stücklein bekäme!“ Der This hatte noch nie von den herrlichen, weißen Käsfischen gekostet, noch kein einziges Mal hatte er es gewagt, so weit wie heute in die Schar der Glücklichen einzudringen. Jetzt hatte er gesehen, daß es ihm doch nichts half, wenn er auch, wie heute, allen Mut zusammenraffte, und so kam er zu dem traurigen Schluß, daß er sein Leben lang nie einen Käsfisch bekommen würde. Darüber wurde er so niedergeschlagen, daß er nicht einmal den Vogel mehr hörte und ganz zusammengeduckt unter den Tannenbäumen saß.

Jetzt war das Gastmahl bei der Hütte zu Ende, und mit schrecklichem Lärm stürzten die Kinder daher, womöglich immer einer über den anderen hinausspringend, was an der steilen Halde mehr als einen zu Fall und anhaltendem Rollen brachte. Den halb versteckten This entdeckte im Vorbeirennen der lärmende Hans, und laut schrie er in das Gebüsch hinein: „Du Maulwurf, komm heraus, du mußt mitmachen!" This verstand, was er mitzumachen hatte: er mußte sich als Bock hinstellen, damit die anderen über ihn hinwegspringen konnten, wobei er dann meistens umgeworfen wurde. Er wäre viel lieber in seinem stillen Versteck geblieben, aber er wußte wohl, was er zu erwarten hatte, wenn er dem Befehl nicht folgte. So kam er gehorsam heran. „Wieviel Käsfische hast du bekommen?" schrie ihn jetzt der Hans an. „Keinen", gab der This zurück. „Oho, seht einmal den an", schrie der Hans noch lauter in die Schar hinein, „der läuft eigens in die Käsfische, und dann läuft er wieder fort und hat keinen gesehen." — „Du dummer This!" rief es von allen Seiten, und zugleich sprangen ihm die großen Buben über den Kopf weg, so daß er genug zu tun hatte, nur immer wieder auf die Füße zu kommen, wenn er umgeworfen worden war. Zuweilen drohte er auch die Abhänge hinunterzurollen, bis ein glücklicher Zufall ihn wieder auf die Füße brachte. Nach dieser stürmischen Niederfahrt unten angekommen, liefen gleich alle auseinander, jeder seinen Kühen nach. Der This rannte für sich allein weg. Jetzt befürchtete er noch eine regelrechte Verfolgung von den Zurückgebliebenen, weil er mitgelaufen war. Er schlich nach dem Sumpfloch hinunter und duckte sich da hinein, so konnte ihn von oben und unten niemand sehen. Das Sumpfloch war eine Vertiefung in der Halde, wo im Frühling und Herbst das Wasser oft stehen blieb und den Boden sumpfig machte. Jetzt aber war es ganz trocken und ein anmutiger Aufenthalt. Es reiften da schöne dunkelrote Erdbeeren an der Sonne, die so schön warm an die Wand der Höhlung hinleuchtete. Aber dem This war es angst und bange, wo er doch in der Nähe der Häuser und der Hüterbuben war, diese konnten ihn ja jeden Augenblick wieder entdecken und ihm wieder alle mögliche Unbill zufügen. Als der This nun so da kauerte und scheu und ängstlich bei jedem Ton zusammenfuhr, weil er immer dachte: „Jetzt kommt wieder einer und tut mir etwas" —, da kam auf einmal eine so liebliche Erinnerung über ihn von dem stillen Plätzchen unter den kleinen Tannenbäumchen dort oben und dem pfeifenden Vögelein darauf, daß es ihn mit Gewalt vom Boden zog. Er mußte noch einmal dort hinauf. Aus allen Kräften lief er wieder den Berg hinan und hielt nicht ein einziges Mal in seinem Lauf inne, bis er oben war und sich nun wieder mitten in die Tannenbäumchen hineinsetzen konnte. Nur nach vorn ins Tal hinab war sein Tannenversteck ein wenig offen. Da saß nun der This in völliger Sicherheit. Ringsum war eine große Stille, kein Ton drang von unten bis hierher auf die einsame Höhe, nur das Vögelein saß wieder auf seinem Tannenast und pfiff ein fröhliches Lied. Die Sonne wollte untergehen. Die hohen Schneeberge drüben fingen an zu flimmern und zu glühen, und über die ganze grüne Alp hin lag das golden schimmernde Abendlicht. Der This schaute mit stillem Staunen um sich, ein nie gekanntes Wohlsein kam über ihn. Hier konnte alle Angst und Scheu von ihm weichen. Er hatte nichts mehr zu fürchten, weit und breit war kein Mensch zu sehen und zu hören.

So saß der This eine lange Zeit, und am liebsten wäre er nicht mehr fortgegangen, so wohl war es ihm noch nie in seinem Leben gewesen. Aber da hörte er schwere Tritte hinter sich von der Hütte her. Es war der Senn. Er kam mit einem Kesselchen daher und wollte zum Bach hinüber, um Wasser zu holen. This verhielt sich mäuschenstill. Er war so daran gewöhnt, von jedermann angefahren oder ausgelacht zu werden, daß er dachte, der Senn werde es gleich auch tun und ihn dann fortjagen. Er duckte sich tief unter die Bäumchen, die aber von der Bewegung knisterten. Franz Anton wurde aufmerksam, trat herzu und guckte in den Tannenbusch hinein.

„Was machst du denn da drinnen, halb in den Boden verkrochen?“ fragte der Senn mit lustigem Gesicht.

„Nichts“, erwiderte This halblaut und vor Angst zitternd.

„Komm nur heraus, du brauchst dich nicht zu fürchten, wenn du nichts Böses getan hast. Vor wem verbirgst du dich denn? Hast du dich etwa mit deinen Käsfischen da hinein geflüchtet, um sie ohne Anfechtung verzehren zu können?“

„Nein, ich habe keine Käsfische gehabt“, sagte This, immer noch in Angst.

„Nicht? Und warum denn nicht?“ fragte der Senn in einer Weise, wie sonst nie ein Mensch mit dem This redete, so daß diesem jetzt im Herzen etwas erwachte, das er bisher gar nicht gekannt hatte: das Zutrauen zu einem Menschen.

„Sie haben mich auf die Seite gestoßen“, erwiderte er nun und stand dabei von seinem Sitz hinter den buschigen Zweigen auf.

„So“, fuhr der Senn freundlich fort, „komm noch ein wenig näher. Und warum wehrst du dich denn nicht, wenn sie dich wegstoßen? Es stößt ja immer einer den anderen, aber zuletzt kommt doch jeder an die Reihe, warum nur du nicht?“

„Sie sind stärker", sagte der This so überzeugend, daß der Grund wohl auch dem Franz Anton einleuchtend erschien. Erst jetzt konnte dieser den Buben recht sehen. This stand vor dem breiten, großen Franz Anton wie ein dünnes Stöcklein vor einer hohen Tanne. Der kernfeste Mann betrachtete einen Augenblick das schmale Figürchen, an dem fast nur Haut und Knochen waren. Aus dem mageren, blutlosen Gesicht schauten die zwei großen Augen dann und wann noch ziemlich scheu zu ihm auf.

„Wem gehörst du?" fragte er jetzt den Buben.

„Niemand", gab This zur Antwort.

„Pah, du wirst doch irgendwo daheim sein? Wo wohnst du denn?"

„Beim Hälmli-Sepp."

Jetzt ging dem Franz Anton ein Licht auf. „Ach so, der bist du!" sagte er verständnisvoll. Von dem dummen This, den man zu gar nichts brauchen konnte, der sogar zu dumm war, eine Kuh zu hüten, hatte er schon viel gehört, ihn aber nicht gekannt.

„Komm einmal mit mir", sagte er mitleidig, „wenn du beim Hälmli-Sepp bist, so wirst du nicht umsonst selber aussehen wie ein Hälmlein. Komm, Käsfische sind keine mehr da, aber etwas anderes."

Der This wußte gar nicht, wie ihm geschah. Er ging hinter dem Franz Anton her aus Gehorsam; aber es war ja, als ginge es zu einer Freude, und das war ihm noch nie geschehen. Der Senn trat in die Hütte ein, holte hoch von einem Brett ein rundes Brot herunter und schnitt ein Stück über den ganzen Leib hin ab. Dann ging er an den ungeheuren Butterballen, der goldig glänzend in der Ecke stand, und hieb einen guten Brocken davon ab. Den drückte er ein wenig über die Brotschnitte hin und reichte nun das feste Stück mit der dicken Butter darauf dem This. In seinem ganzen Leben hatte der This so etwas noch nie bekommen, er schaute darauf, als wäre es nicht möglich, daß es ihm gehörte.

„Komm heraus, und iß es vor der Hütte, ich muß nun zum Wasser", sagte Franz Anton, der mit lustigen Augen dem Ausdruck von Glück und Erstaunen auf dem Gesicht des Jungen gefolgt war. Dieser gehorchte. Vor der Hütte setzte er sich auf den Boden, und während der Senn zum Schwemmebach hinüberging, biß er in sein Butterbrot ein und konnte nicht begreifen, daß es etwas so Gutes gäbe und er es bekommen hätte, und daß immer noch etwas davon da war. Derweilen wehte frisch und wohlig der Abendwind um seinen Kopf und wiegte unten die Tannenbäumchen hin und her, und der kleine Vogel saß immer noch auf dem höchsten Zweig und sang hell und fröhlich in den goldenen Abendhimmel hinauf. Dem This ging das ganze Herz in nie gekanntem Wohlsein auf, und er meinte, er müsse mit dem Vogel zu singen anfangen.

Der Senn war unterdessen ein paarmal mit seinem Kesselchen hin und her gegangen. Drüben beim Schwemmebach war er immer eine Weile stehen geblieben und hatte rundum geschaut. Die Berge waren nicht mehr rot vom Abendschein, aber jetzt stieg groß und golden der volle Mond hinter dem weißen Zacken empor. Nun kam der Senn wieder zur Hütte zurück und stand bei This, der noch auf derselben Stelle saß.

„So, gefällt's dir hier?" fragte er freundlich. „Mit dem Abendessen wärst du fertig, soviel ich sehe. Was meinst du mit dem Rückweg? Sieh, wie schön dir der Mond heimleuchtet!"

Der This hatte gar nicht mehr ans Fortgehen gedacht, jetzt kam es ihm in den Sinn, daß es wohl nötig wäre. Er stand auf, dankte noch einmal dem Franz Anton und ging. Aber er kam nicht weiter, als bis zu den Tannenbäumchen, es hielt ihn mit

Gewalt zurück. Er schaute noch einmal zurück, und da der Senn in die Hütte eingetreten war und ihn nicht mehr sehen konnte, huschte er schnell unter die dunkeln Zweige. Franz Anton war der einzige Mensch, der ihn in seinem ganzen Leben mit Güte und Liebe behandelt hatte. Das hatte auf This einen solchen Eindruck gemacht, daß er nicht fortkonnte, er mußte noch ein wenig in der Nähe dieses guten Menschen bleiben. Ganz verborgen unter dem Bäumchen liegend, spähte der This nun zwischen den Zweigen durch zu der Hütte hinauf, ob er den Senn nicht noch einmal sähe. Es währte einige Zeit, da trat plötzlich Franz Anton wirklich noch einmal aus seiner Hütte heraus. Er blieb vor der Tür stehen und schaute mit gekreuzten Armen in die stille Bergwelt hinaus, wo jetzt über alle hohen Schneegipfel hin das milde Mondlicht leuchtete. Auch auf das Gesicht des Sennen fiel jetzt der helle Mondschein, und jedem, der es gesehen hätte mit dem Ausdruck der friedlichen Heiterkeit, hätte es wohl werden müssen. Zuletzt faltete er seine Hände, er hielt wohl still seine Abendandacht. Dann auf einmal sagte er ganz laut: „Gute Nacht geb euch Gott!" trat in die Hütte zurück und machte die Tür zu. Sein Nachtgruß hatte wohl seinen alten Freunden, den hohen Bergen ringsum und den Menschen gegolten, die ihm im Herzen waren, wenn er sie auch nicht vor Augen hatte. Der This hatte in stiller Ehrfurcht zu dem Franz Anton aufgeschaut. Machte sich dieser mit seinem allezeit freundlichen, ungetrübt heiteren Wesen alle Menschen, die ihn kannten, zu Freunden, mit welcher Liebe und Bewunderung mußte er nun das Herz des This erfüllen, dessen Wohltäter und einziger Freund er war!

Als es nun ganz dunkel und still in der Hütte wurde, stand der This auf und lief, so schnell er konnte, den Berg hinunter bis zur Halde.

Es war spät und kein Lichtlein mehr zu sehen. Aber das war ihm gleich, die Tür war ja nie verschlossen. Er trat leise ins Häuschen und schlich nach seinem Lager, das er mit dem Uli zu teilen hatte. Dieser schlief steif und fest, nachdem er noch vorher ausgerufen hatte: „Es ist gut, daß der This auch jetzt zu dumm ist, sein Bett zu finden, so habe ich mehr Platz!"

This legte sich leise nieder, und bis seine Augen zufielen, sah er immer noch den Franz Anton vor sich, wie er im Mondschein mit gefalteten Händen vor seiner Hütte stand, und zum erstenmal in seinem Leben schlief der This mit einem glücklichen Herzen ein.

Ein hilfreicher Engel

Der Tag darauf war ein Sonntag. Die Leute an der Halde gehörten nach Beckenried hinunter zur Kirche. Trotz des langen Weges mußten die Kinder aber jeden Sonntag zur Christenlehre kommen, der Herr Pfarrer hielt fest an der guten Ordnung. So kam eben jetzt die ganze Schar von der Halde herunter, und bald saßen sie alle, mit den anderen Scharen vermischt, so ruhig wie möglich auf den langen Bänken, und der Herr Pfarrer konnte beginnen. Er sagte, er habe ihnen das letzte Mal von einem zukünftigen Leben geprochen, und da sein Blick eben auf den This fiel, fuhr er fort: „Ich will dich auch einmal wieder etwas fragen, das wirst du wohl beantworten können, wenn man dir auch nicht viel zutrauen kann. Sag mir: Wo wird es denn einmal auch dem Ärmsten und Geringsten unter uns, wenn er einen frommen Christenwandel geführt hat, so wohl ergehen, daß er kein Leid mehr verspürt?"

„Bei der Schwemmebach-Sennhütte", antwortete der This

ohne Zögern. Jetzt enstand ein solches Kichern, daß der This ganz scheu um sich schaute. Ringsum waren Spottgesichter auf ihn gerichtet, und die sämtlichen Kinder wollten vor verhaltenem Lachen ersticken. Der This beugte sich so stark vornüber, als wollte er in den Boden hineinkriechen. Von dem, was der Herr Plarrer das letzte Mal erklärt hatte, hatte er nichts gehört, weil er sich immerfort gegen heimliche Angriffe wehren mußte. Jetzt hatte er auf die Frage ganz nach seiner eigenen Erfahrung geantwortet.

Der Herr Pfarrer schaute ihn fest an; als er aber sah, daß es dem This gar nicht zum Lachen war, sondern daß er voll Scheu ganz erschrocken und zusammengeduckt dasaß, schüttelte der Herr Pfarrer nur ganz bedenklich den Kopf und sagte: „Es ist nichts mit ihm zu machen."

Als aber die Christenlehre zu Ende war, stürzte die ganze Schar hinter dem This her, alle lachten überlaut und schrien durcheinander: „This, sind dir in der Kirche auf einmal die Käsfische in den Sinn gekommen?" Und: „This warum hast du nicht auch etwas von den Käsfischen gesagt?" und noch eine Menge solcher Spöttereien. Der This lief wie ein gejagtes Kaninchen, um nur endlich aus dem Geschrei herauszukommen, keuchend die Halde hinan. Oben wurde er nun nicht mehr verfolgt. Die anderen wollten den schönen Sonntagabend unten im Dorf genießen.

Der This lief immer weiter hinauf. Er hatte bei allem Leid jetzt einen Trost im Herzen. Er konnte zur Schwemmebach-Sennhütte hinaufflüchten und dort das freundliche Gesicht des Franz Anton sehen. Ganz still konnte er dort an seinem verborgenen Plätzchen sitzen und vor Verfolgung sicher sein. Nun saß er wieder unter den Tannen, und über ihm sang der Vogel sein Lied. Die Schneeberge glitzerten in der Sonne, und durch die grünen Halden floß da und dort ein klares Bächlein friedlich ins Tal hinab. Dem This wurde es so wohl, daß er allen Spott vergaß und nur den einzigen Wunsch empfand, gar nicht mehr weggehen zu müssen. Von Zeit zu Zeit erblickte er auch den Franz Anton, nach dem er beständig auschaute. Dann duckte er sich aber so tief wie möglich nieder. Er hatte das Gefühl, wenn der Franz Anton ihn wieder hier sehen würde, so könnte er meinen, er sei gekommen, um wieder ein Butterbrot zu bekommen. Er war aber doch nur da, weil der Senn der erste und einzige Mensch war, der freundlich und liebevoll zu ihm gewesen und in dessen Nähe es ihm so wohl und sicher zumute war, wie sonst nirgends auf der Welt. Der Senn entdeckte ihn auch heute nicht, und This saß an seinem schönen Plätzchen, bis die Sterne am Himmel standen und der Franz Anton wieder wie gestern vor seine Hütte hinaustrat und ausrief: „Gute Nacht geb euch Gott!" Dann erst lief der This wieder davon, und spät wie gestern kam er auf sein Lager, diesmal recht hungrig, seit dem Morgen hatte er ja nichts mehr gegessen. Aber das war dem Buben heute ganz gleich, es war ihm ja so wohl dort oben gewesen.

So ging es eine ganze Woche. Tag für Tag, sobald er einen Augenblick fand, da niemand ihn sehen und verfolgen konnte, lief der This die Alp hinan und schoß unter die tief herabhängenden Tannenzweige. Von da beobachtete er die ganze Tätigkeit des Sennen von einer Minute zur anderen, und nie verließ er seinen friedlichen Aufenthalt, bis der Franz Anton gesagt hatte: „Gute Nacht geb euch Gott!" Es war ihm jetzt immer, als sei der Nachtsegen auch für ihn gemeint.

Es waren ausnahmsweise heiße Tage. An dem wolkenlosen Himmel stieg jeden Morgen die Sonne wieder so hell empor, wie sie am Abend niedergegangen war. Das Futter war besonders kräftig, und Franz Anton bekam so schöne, fette Milch von den Alpenkühen, daß er die prächtigsten Käse daraus herstellen konnte. Das machte ihm Freude, und schon frühmorgens konnte man ihn voller Vergnügen in seiner Sennhütte pfeifen hören. So auch am Sonnabend dieser Woche und heute noch viel früher als sonst, es war einer der Tage, da der Senn seine drei oder vier fertigen Käse an den See hinunterbrachte, damit sie dort eingeschifft und fortgeführt würden. Bald hatte er sie aufgeladen und festgebunden und wanderte nun wohlgemut talabwärts, den dicken Bergstock in der Hand, die schwere Last auf dem Rücken. Es war der heißeste Tag des ganzen Sommers.

Je weiter hinunter er gelangte, desto mehr überwältigte ihn die übergroße Hitze, und mehr als einmal sagte er zu sich: „Oh, wie will ich froh sein, heut abend wieder zu meiner Hütte hinauf in die kühle Luft zu kommen, hier unten ist's wie in einem Backofen." Jetzt war er unten angelangt, gerade als das Schiff herankam, das die Käse mitnehmen sollte. Bald war alles abgetan, und Franz Anton stand einen Augenblick unschlüssig da, ob er gleich wieder den Berg hinansteigen oder erst hier unten etwas zu sich nehmen sollte. Aber er fühlte keinen Appetit, sein Kopf war schwer und heiß, er wünschte nur hinaufzukommen. Da zog ihn jemand am Arm. Es war einer der Schiffsangestellten, der eben beim Einladen geholfen hatte. „Komm, Franz Anton, heut ist's heiß, wir wollen ein Glas Wein im Schatten trinken", sagte er und zog den Senn gegen das Wirtshaus bis unter den großen Baum davor. Der Franz Anton war heiß und durstig und weigerte sich nicht, hier ein wenig im Schatten zu sitzen. Er trank sein Glas in einem Zuge. Dann aber stand er bald auf und sagte, es werde ihm ganz unwohl hier unten in der schweren, heißen Luft, und er sei an kalte Milch und Wasser, nicht an den Wein gewöhnt. Damit verabschiedete er sich und ging mit großen Schritten der Halde zu. Aber so schwer war ihm das Steigen in seinem Leben noch nie geworden. Die Mittagsonne brannte heiß auf seinen Kopf, sein Puls hämmerte, die Füße wurden ihm so schwer, daß er sie nur mit Mühe heben konnte. Er wehrte sich aber mit allen Kräften. Je steiler die Alp wurde, je größer wurden seine Schritte, und er spornte sich selbst mit der Aussicht an, daß nur noch eine Stunde, dann nur noch eine halbe, jetzt nur noch eine Viertelstunde heißer Mühe vor ihm läge. Bald würde er oben sein und könnte sich zum Ausruhen auf das frische Heu werfen.

Jetzt war er am letzten steilen Aufstieg angekommen. Die Sonne brannte wie Feuer auf seinem Kopf. Plötzlich wurde es ihm völlig schwarz vor den Augen, er schwankte, und schwer stürzte er auf den Boden nieder. Er hatte das Bewußtsein verloren.

Als am Abend der Melker mit seiner Milch in die Stube trat, fand er den Franz Anton noch nicht zurückgekehrt. Er stellte seine Milch in eine Ecke und ging fort. Es kam ihm nicht in den Sinn, nach dem Senn auszuschauen. — Es war aber noch jemand da droben, der hatte schon lange nach dem Franz Anton ausgeschaut, das war der This. Schon seit ein paar Stunden hatte er an seinem verborgenen Plätzchen gesessen. Er wußte jeden Schritt, den der Senn tat, und wie eine Beschäftigung auf die andere folgte, so daß er sich nicht genug wundern konnte, wie lange heute der Franz Anton seine Milch stehen ließ, die er sonst immer gleich in die verschiedenen Gefäße goß. Die eine kam zum Buttern in die großen, runden Becken, wo sie stehen blieb, bis aller Rahm schön dick obenauf lag, die andere wurde in den Käsekessel gegossen. Das hatte der This durch die offene Hüttentür alles genau beobachten können. Der Senn kam immer noch nicht. Über den Buben kam ein Gefühl, als sei da etwas, wie es nicht sein sollte. Er kam jetzt leise aus seinem Versteck heraus und ging zur Sennhütte hin. Da war es still und leer unten im Hüttenraum und oben auf dem Heuboden. Kein Feuer prasselte unter dem Kessel, kein Laut war zu hören, alles wie ausgestorben.

Ängstlich lief der This jetzt um die Hütte herum, einmal hinunter, dann wieder herauf und dann in einer anderen Richtung wieder hinab. Jetzt auf einmal — dort unten erblickte er den Franz Anton am Boden liegend. This sprang hinzu — da lag sein Freund mit geschlossenen Augen und stöhnte und lechzte wie ein Verschmachtender. Er sah glühend heiß aus und seine Lippen waren ganz vertrocknet.

Der This stand einen Augenblick und starrte, bleich vor Schrecken, auf seinen Wohltäter hin. Dann stürzte er in unausgesetztem Lauf den Berg hinunter. Franz Anton hatte viele Stunden lang bewußtlos am Boden gelegen — ein schreckliches Fieber hatte ihn ergriffen. Er litt einen verzehrenden Durst. Von Zeit zu Zeit kam es ihm in seinem brennenden Verlangen vor, er komme zum Wasser und wolle sich bücken und trinken, und von der Anstrengung, die er machte, erwachte er einen Augenblick. Es war nur ein Fiebertraum gewesen. Er lag immer noch auf dem Boden und konnte sich nicht rühren, und vergebens lechzte er nach einem Tropfen Wasser. Dann schwand ihm das Bewußtsein wieder, und er träumte, er liege unten im Sumpfloch, wo er heute früh im Vorbeigehen noch die schönen Erdbeeren gesehen hatte. Da standen sie noch. Oh, wie sehnte er sich danach! Er wollte die Hand ausstrecken, vergeblich, er konnte keine erlangen. Aber jetzt hatte er plötzlich eine im Mund. Ein Engel kniete da und hatte sie ihm gegeben — und noch eine und noch eine. Oh, wie tat der Saft so wohl in dem ausgetrockneten Gaumen! — Der Franz Anton schlürfte und schluckte, es war ein unsägliches Labsal — er erwachte — war es wirklich so? War er denn erwacht? Es war kein Traum — da kniete neben ihm der Engel und steckte ihm wieder eine große, saftige Erdbeere in den Mund.

„Oh, du guter Engel, noch eine!" sagte leise der Franz Anton. Aber nicht nur eine — fünf, sechs steckte ihm der Engel in den Mund. Auf einmal flog ein stechender Schmerz über sein Gesicht. Er legte die Hand an die Stirne und konnte nur noch leise sagen: „Wasser!" — dann war ihm das Bewußtsein wieder völlig entschwunden. Er konnte nicht einmal mehr die letzte Erdbeere genießen. Jetzt träumte er ganz schreckliche Dinge: sein Kopf wurde so groß wie sein allergrößter Butterballen und dann immer noch größer und so furchtbar schwer, daß er mit Schrecken dachte: den kannst du nie mehr allein tragen, man muß starke, hölzerne Stützen unterstellen, wie unter die Apfelbäume, wenn sie zu viele Äpfel tragen. Und jetzt fühlte er deutlich, daß der Kopf ganz voll Schießpulver war. Das hatte einer angezündet, und nun brannte es da drinnen wie loderndes Feuer, und gleich mußte alles zerspringen. Aber dann kam plötzlich ganz kalt und belebend der Schwemmebach über seine Stirn, über das ganze Gesicht und in den Mund hineingeflossen, und Franz Anton schluckte und schluckte und erwachte zum Bewußtsein. Es war wirklich so, eiskalt kam ein Guß um den anderen auf Stirn und Gesicht. Dann kam etwas an seinen Mund, ein kleines Gefäß, und er schlürfte gierig den kühlenden Trank. Über ihm standen die funkelnden Sterne, das sah der Franz Anton deutlich und auch, daß er noch am Boden lag auf der freien Alp. Aber das konnte doch nicht der Schwemmebach sein, was so über ihn floß und ihn so ordentlich trinken ließ. Er konnte sich nicht denken, was es war — aber es war so wohltuend, so erlösend von dem schweren Traum und dem schrecklichen Feuer. Voller Dank sagte er nur halblaut:

„Ach, lieber Gott, wie dank ich dir für deine Güte und die hilfreichen Engel!“

Immerfort wiederholte sich das erquickende Wasserbad, und zuletzt fühlte der Franz Anton eine kalte Masse auf seiner Stirn, so schützend und wohltuend, daß er sagte: „Da kann kein Feuer mehr durch!“ Und beruhigt schlief er jetzt ganz sanft ein und träumte nicht mehr.

Was die Sennenmutter haben will

Die Sonne stieg strahlend hinter dem hohen Bergzacken empor, als Franz Anton seine Augen aufschlug und verwundert um sich schaute. Er schauerte ein wenig zusammen, es fröstelte ihn. Er wollte aufsitzen, aber sein Kopf war schwer und dumpf. Er fuhr mit der Hand an die Stirn; es war, als liege etwas darauf. Und er irrte sich nicht. Wohl sechsfach zusammengelegt, lag naß und schwer das große Handtuch aus der Sennhütte auf seinem Kopf. Er legte es weg, und wie nun der frische Morgenwind über seine Stirn blies, fühlte er sich wohlig und erleichtert, daß er sich schnell aufsetzte und um sich schaute. Da sah er auf einmal in zwei große, ernsthafte Augen hinein, die unverwandt auf ihn gerichtet waren.

„Bist du da, This?“ fragte er verwundert, „wie kommst du so früh herauf? Nun, weil du doch da bist, komm, daß ich mich ein wenig auf deine Schulter stützen kann. Ich bin schwindelig und komme nicht allein auf.“

Der This schoß vom Boden auf und trat nahe an den Senn heran. Er stemmte mit aller Kraft seine beiden Füße in den Boden hinein, so daß der Franz Anton einen festen Halt an ihm fand und aufstehen konnte. Im langsamen Hinaufgehen nach der Hütte, während er sich immer noch auf des Buben

Schulter stützte, fing er an, sich eines ums andere zurückzurufen, was ihm eigentlich begegnet war. Doch einige Vorgänge der Nacht blieben ihm völlig unklar. Vielleicht konnte ihm der This auf die Spur helfen. In der Hütte angelangt, setzte sich der Senn auf eines seiner Dreibeinstühlchen und sagte: „This, hol dir das andere und setz dich hierher zu mir. Aber zuerst nimm dort den Topf herunter, wir wollen ein wenig kalte Milch miteinander trinken, Feuer kann ich jetzt noch nicht machen. Ein Schüsselchen steht daneben, sieh nur — wo ist es denn hingekommen?“ unterbrach sich der Senn, „ich stellte es regelmäßig dort hinauf. Ich weiß nicht, was mit mir vorgeht seit gestern.“

Der This war feuerrot geworden, er wußte wohl, wer das Schüsselchen heruntergenommen hatte. Ganz zaghaft sagte er: „Dort steht's am Boden“, holte es schnell herbei, auch den Milchtopf und reichte beides dem Senn. Dieser schüttelte ganz betroffen den Kopf. Solange er lebte, hatte er noch nie sein Schüsselchen dort bei der Tür auf den Boden gestellt. Er trank jetzt schweigend und nachdenklich seine Milch, füllte dann das Schüsselchen wieder und sagte: „Da, This, trink auch! Du hast mir einen guten Dienst geleistet, daß du so früh heraufkamst. Hast du etwa gemeint, es sei Käsfischtag, und du seiest dann sicher der erste?“

„Nein, gewiß nicht“, versicherte This.

„Sag mir jetzt“, fuhr der Senn fort, der schon ein paarmal unruhig auf das nasse Tuch, das jetzt auf dem Tisch lag, dann wieder nach dem kleinen Wasserkessel geschaut hatte, der wie reisefertig neben der Tür stand, als wollte er eben hinaus, „sag mir, This, hab ich denn das Tuch schon auf meiner Stirn gehabt, als du heute früh heraufkamst?“

Jetzt wurde der This ganz dunkelrot; denn er dachte, wenn der Senn alles erführe, was er getan hatte, sei es ihm vielleicht nicht recht, und er könnte böse werden. Aber der Franz Anton schaute ihm jetzt so tief in die Augen, daß er alles sagen mußte. „Ich habe es selbst darauf gelegt“, fing er zaghaft an.

„Warum denn, This?“ fragte verwundert der Senn.

„Weil Ihr so heiß wart“, erwiderte This.

Der Senn erstaunte immer mehr. „Aber ich bin ja schon bei Sonnenaufgang erwacht“, sagte er, „wann bist du denn heraufgekommen?“

„Gestern um fünf oder um vier Uhr“, stotterte der This furchtsam, „der Melker kam erst lange nachher.“

„Was, du bist die ganze Nacht hier oben gewesen? Was hast du denn gewollt und getan?“

Jetzt sah der Franz Anton, daß dem This ganz bange wurde, ihm selber aber stiegen nun wieder die Vorstellungen der letzten Nacht auf, und ganz väterlich klopfte er dem Buben auf die Achsel und sagte ermunternd: „Vor mir brauchst du dich gar nicht zu fürchten, This! Da, trink noch, und dann sag mir alles, was du weißt. Was vorgegangen ist, als du hier heraufgekommen bist.“ Auf diese Ermunterung hin faßte der This neuen Mut. Erst trank er die Milch in wenig Zügen hinunter, sie schmeckte ja so herrlich in seinen großen Hunger und Durst hinein. Dann fing er an zu berichten: „Ich habe nur ein wenig zu Euch hier herauf gewollt, aber nur so wie alle Tage, nicht wegen der Käsfische. Und weil dann der Melker schon lange die Milch gebracht hatte und Ihr nicht kamt, hab ich Euch gesucht, und dann hab ich Euch am Boden gefunden, und Ihr seid ganz rot und heiß gewesen und habt Durst gehabt. Dann bin ich geschwind zum Sumpfloch hinab gelaufen und hab alle großen Erdbeeren genommen, die noch da waren, und habe sie Euch gebracht, und Ihr habt sie gern genommen. Aber dann habt Ihr auf den Kopf gezeigt und Wasser darauf gewollt. Da habe ich aus der Hütte das

Schüsselchen geholt und den kleinen Kessel, und am Schwemmebach habe ich ihn gefüllt und Euch mit dem Schüsselchen das Wasser über den Kopf geschüttet und auch zu trinken gegeben. Ihr habt immer wieder Durst gehabt. Wenn dann der Kessel leer war, bin ich zum Bach hinüber gegangen und hab ihn wieder gefüllt. Aber weil das Wasser immer im Augenblick wieder über den Kopf gelaufen war, habe ich gedacht, ein dickes Tuch würde lange naß sein auf dem Kopf, und so habe ich das Tuch aus der Hütte geholt und es ganz naß auf Euern Kopf zusammengelegt und nur, wenn es dann trocken und heiß wurde, wieder in den Kessel getaucht und es dann wieder naß auf den Kopf getan, und dann zuletzt seid Ihr erwacht am Morgen, und ich war froh. Ich habe immer gedacht, wenn Ihr nur nicht etwa krank werdet."

Der Senn hatte mit großer Aufmerksamkeit zugehört. Jetzt stand alles deutlich vor ihm, was er in der Nacht erlebt hatte: wie er halb wachend und im Fieber den Engel mit den Erdbeeren als Retter empfunden und dann das Wasser des Schwemmebaches als richtiges Lebenswasser gespürt und genossen hatte. Der Franz Anton schaute auf den This so stumm und verwundert hin, als hätte er noch nie einen Buben gesehen. Nein, einen solchen hatte er auch noch nie gesehen. Wie war es denn möglich, mußte er sich sagen, daß dieser Bub, den alle Leute nie anders als den „dummen This" nannten, sein Leben erhalten hatte, das in der größten Gefahr gewesen war. Hätte der This das Fieber nicht mit seinen Wassergüssen gelöscht, wer weiß, was bis zum Morgen daraus geworden wäre! Und wie konnte dieser This, dem niemand ein freundliches Wort gab, zu einer solchen Aufopferung kommen, daß er die ganze Nacht sorgsam bei einem anderen wachte und ihn pflegte! Dem großen, festen Franz Anton kamen die Tränen in die Augen, wie er so den scheuen, verachteten This ansah und das alles überdachte. Er nahm jetzt den Buben bei der Hand und sagte: „Wir wollen gute Freunde bleiben, This. Ich habe dir viel zu danken, das vergese ich nicht. Tu mir nur noch einen Gefallen, mir zittern die Glieder alle so, daß ich mich jetzt niederlegen muß. Geh du nun hinunter zu meiner Mutter und sag ihr, sie soll zu mir heraufkommen, es sei mir nicht ganz wohl. Du mußt dann auch wieder mit ihr kommen, ich habe noch viel mit dir zu reden heut, vergiß es nicht!"

Solang er lebte, war der This noch nie so glücklich gewesen. Er machte Sprünge den Berg hinunter, als könnte er vor Freude nicht hoch genug springen. Nun hatte der Senn selbst ihn geheißen wiederzukommen, und er brauchte sich nicht mehr zu verbergen, sondern durfte gleich in die Sennhütte eintreten, und dazu hatte der Franz Anton ihm noch gesagt, er wollte gut Freund mit ihm bleiben. Bei jedem dieser Gedanken sprang der This wieder hoch auf und kam so unvermerkt bei der Halde an. Gerade als er von oben herunter dem sauberen Häuschen zurannte, kam von unten herauf im Sonntagsschmuck, das Gesangbuch in der Hand, die Sennenmutter aus der Kirche. Der Bub lief auf sie zu, konnte aber zuerst nichts sagen, er war ganz atemlos vom Laufen.

„Woher kommst du denn?" fragte die sonntäglich gerüstete Frau, die nicht gern etwas Unordentliches sah, indem sie den Buben mißfällig von oben bis unten musterte. Er gewährte keinen sonntäglichen Anblick in seinem zerfetzten Alltagshöschen und dem schmutzigen Hemdlein. „Ich meine, ich habe dich schon dort drüben über dem Bach gesehen, du bist wohl einer vom Hälmli-Sepp?"

„Nein, nur der This", erwiderte der Bube ganz demütig.

Jetzt kam der Frau in den Sinn, daß die Hälmli-Seppin einen einfältigen Buben bei sich hatte, von dem sie sagten, er wäre zu nichts zu brauchen, den hatte sie wohl vor sich. „Und was willst du denn bei mir?“ fragte sie nun erst recht verwundert.

Der This war wieder zu Atem gekommen und richtete nun seinen Auftrag klar und richtig aus. Die Frau erschrak aufs höchste. Noch nie war der kerngesunde Franz Anton krank gewesen, und daß er nach ihr schickte und nicht selbst herunterkommen konnte, war ein recht schlimmes Zeichen. Ohne ein Wort zu sagen, ging sie ins Haus, packte in großer Sorge alles zusammen, wovon sie dachte, es könnte etwa nötig sein, und kam in kurzer Zeit mit ihrem großen Korb am Arm heraus.

„Komm“, sagte sie zu This, „wir wollen gleich gehen. Warum sollst du wieder mit?“

„Ich weiß nicht“, sagte er schüchtern, und fast als wäre es etwas Böses, setzte er leise hinzu: „Soll ich nicht den Korb tragen?“

„So, jetzt versteh ich's“, sagte die Frau bei sich, „der Franz Anton hat daran gedacht, daß ich allerhand mitbringen soll, und das soll er tragen.“ Sie übergab dem This den Korb. Schweigend ging sie neben ihm den Berg hinan, sie hatte es mit schweren Gedanken zu tun. Ihr braver Franz Anton war ihr ganzer Stolz und ihre Freude. Sollte er wirklich erkrankt sein? Konnte die Krankheit gefährlich sein? Ihre Angst wurde immer größer, je näher sie der Sennhütte kamen. Jetzt waren sie oben — nur noch einige Schritte — der bekümmerten Mutter zitterten die Knie, sie konnte fast nicht mehr weiter. Jetzt trat sie ein. Es war niemand da. Sie schaute überall umher und nach dem Heuboden hinauf. Dort lag ihr Sohn tief im Heu drinnen, sie konnte ihn nicht recht sehen. Mit klopfendem Herzen stieg sie die Leiter hinauf. Der This blieb ehrerbietig draußen vor der Tür stehen, nur den Korb schob er in die Hütte hinein. Als die Mutter sich jetzt angstvoll über ihren Sohn hinbeugte, schlug dieser seine blauen Augen auf, streckte ihr fröhlich die Hand entgegen, setzte sich auf und sagte munter: „Grüß dich Gott, Mutter! Das freut mich, daß du da bist. Ich habe aber geschlafen wie ein Bär, die ganze Zeit, seit der This fortging." Die Mutter starrte den Sohn an, halb in Freude, halb in Schrecken, sie wußte gar nicht, was sie denken sollte. „Franz Anton", sagte sie jetzt ernsthaft, „was ist mit dir? Redest du im Fieber, oder weißt du, daß du mich hast holen lassen?"

„Ja, ja, Mutter", lachte jetzt der Franz Anton, „jetzt bin ich ganz bei mir und des Fieber ist vorbei. Aber alle Glieder zitterten mir noch, ich konnte nicht herunterkommen und wollte doch so gern mit dir reden. Ich fühl's auch jetzt noch in den Knien zittern, ich käme noch nicht weit."

„Aber was ist's denn, was war es denn, Franz Anton? Sag mir's doch", drängte jetzt die Mutter und setzte sich in das Heu neben den Sohn.

„Ich will dir nun alles berichten, Mutter, eins nach dem anderen", sagte er, sich geruhlich an den Heustock lehnend. „Sieh einmal zuerst dort unten das schmale, magere Büblein an, das kein gutes Stücklein Gewand auf dem Leibe hat, dem keiner ein gutes Wort gibt, und den jeder nur ‚den dummen This' heißt."

Die Mutter schaute nach dem This hin, der wie ein Sperber nach dem Senn hinaufspähte, ob er etwa wieder umfallen wollte.

„Und jetzt?" fragte die Mutter gespannt.

„Der hat mir das Leben gerettet, Mutter! Wenn dieses Büblein nicht gewesen wäre, so läge ich jetzt noch draußen auf dem Boden in einem tödlichen Fieber, oder vielleicht wäre es auch schon vorbei mit mir." Und jetzt erzählte Franz Anton alles, was sich seit gestern nachmittag zugetragen hatte: wie der This ihn die ganze Nacht nicht verlassen und fort und fort in seinem verzehrenden Durst und dem brennenden Fieber erquickt und gepflegt und das Feuer in seinem Kopf gelöscht hatte, so wie der gescheiteste Mensch auf der Welt es nicht besser hätte tun können und vielleicht auch kein anderer für ihn getan hätte.

Die Mutter mußte sich ein ums anderemal die Tränen abwischen. Sie stellte sich vor, wenn ihr Franz Anton allein und verlassen in seinem Durst da draußen gelegen hätte und vielleicht vom Fieber ganz verzehrt worden wäre, und kein Mensch hätte etwas von ihm gewußt. Und jetzt stieg ein Dank und eine Freude in ihrem Herzen auf, daß sie laut ausrufen mußte: „Gott sei Lob und Dank! Gott sei Lob und Dank!" Aber auch eine solche Liebe zu dem armen This überkam sie, daß sie ganz eifrig sagte: „Franz Anton, der This geht mir nicht mehr zur Hälmli-Seppin zurück! Sicher hat der arme Bub Hunger gelitten, und in Schmutz und Fetzen hat sie ihn laufen lassen. Heute noch nehme ich ihn mit mir, und morgen mach ich ihm ein Gewändlein, daß er sich sehen lassen kann. Er soll es nicht schlecht bei uns haben, wir wollen es ihm nie vergessen, was er an dir getan hat."

„Das ist nun gerade, was ich wünschte, Mutter; aber ich mußte doch zuerst wissen, was du dazu sagst, und jetzt hast du dasselbe Vorhaben und schon alles ausgedacht, wie es nicht besser sein könnte. Es geht doch nichts über eine Mutter!" Und der Franz Anton schaute sie so voller Glück und Liebe an, daß es ihr im Innersten wohltat und sie bei sich dachte: Es geht auch nichts über einen wohlgeratenen Sohn! Dann sagte sie: „Jetzt mußt du etwas essen, Franz Anton, daß du wieder zu Kräften kommst. Ich habe frische Eier und ein Weißbrot mitgenommen, und jetzt will ich Feuer machen, laß dir Zeit zum Herunterkommen." Das mußte der Franz Anton auch tun, ein wenig schwankend war er noch. Aber es ging. Er kam herunter und winkte jetzt den unausgesetzt hineinspähenden This zum Tisch heran, an den er sich selbst niedergesetzt hatte.

„This", sagte er jetzt, dem Buben freundlich in die Augen schauend, „willst du ein Senn werden?"

Den This überleuchtete ein heller Freudenstrahl, aber er erlosch plötzlich wieder. In seinen Ohren ertönten vernichtend die Worte, die er von allen Seiten hundert und hundertmal gehört hatte: „Aus dem wird nie etwas", „der kann nichts" — und verzagt antwortete er: „Ich kann nichts weden."

„This, ein Senn wirst du", sagte mit Bestimmtheit der Franz Anton. „Du hast dich gut genug angestellt zu deinem ersten Geschäft. Nun bleibst du bei mir und trägst Milch und Wasser und hilfst mir bei allem, und ich zeige dir, wie man buttert und käst, und sobald du groß genug bist, steckst du die Arme in den Kessel und bist mein Gehilfe."

„Hier in der Schwemmebach-Sennhütte?" fragte der This, dem die Aussicht auf diese Glückseligkeit ganz unfaßbar war.

„Alles hier in der Schwemmebach-Sennhütte", bestätigte der Franz Anton.

Auf das Gesicht des This kam jetzt der Ausdruck eines so strahlenden Glückes, daß der Senn ihn ansehen mußte. Der Bub war wie verwandelt. Das vemerkte auch die Mutter, als sie eben den großen Eierkuchen auf den Tisch stellte, den sie gebacken hatte. Sie streichelte den Buben und sagte: „Ja, Thisli, heute wollen wir miteinander fröhlich sein und morgen auch noch, und alle Tage wollen wir dem lieben Gott dafür danken, daß er dich gerade zur rechten Zeit in die Nähe vom Franz Anton gebracht hat, wenn schon kein Mensch begreift, warum du da heraufgekommen bist."

Jetzt nahm das fröhliche Mahl seinen Anfang, und noch nie in seinem ganzen Leben hatte der This so viele gute Sachen auf einem Tisch zusammen gesehen. Zu dem Eierkuchen hatte die Mutter das frische Weißbrot hingelegt und daneben den großen, gelben Butterballen und ein Stück von dem weißen Käse aufgestellt, und mitten auf dem Tisch stand eine große Schüssel voll dickrahmiger Milch. Von jedem legte jetzt die Mutter dicke Stücke vor den This hin, und wenn er fertig war, gab es gleich noch einmal soviel.

Als gegen Abend die Mutter sich zum Heimgehen anschickte, sagte sie: „Franz Anton, ich habe mich anders besonnen, der This muß bei dir oben bleiben, bis du wieder ganz fest bist. Er kann handlangen, wo es nötig ist. Die Hälmli-Seppin will ich schon benachrichtigen."

Das war dem Sennen recht, und für den This war es das höchste Glück, das er erreichen konnte. Nun war er wirklich daheim beim Franz Anton. Nicht mehr verborgen unter den Tannenbäumchen hörte er heute den Nachtsegen, sondern er stand unter dem Sternenhimmel neben dem Senn, als dieser seine Hände faltete und sagte: „Komm, This, nun beten wir den Abendsegen." Andächtig faltete auch er seine Hände, und als am Schluß der Senn sagte: „Gute Nacht geb euch Gott!" da war das Glück im Herzen des This so groß, daß er gern überlaut allen Menschen auf der ganzen Welt gewünscht hätte: „Gute Nacht geb euch Gott!"

Noch an demselben Abend ging die Sennenmutter hinüber zu der Hälmli-Seppin, die mit ihren drei Buben und Lisi vor dem Haus stand und gern etwas davon vernehmen wollte, was alle durcheinander erzählten. Die Sennin konnte verstehen, daß von Franz Anton die Rede war, dessen Unfall der Melker berichtet hatte. Als sie nun der Hälmli-Seppin erklärte, daß sie mit ihrem Sohn übereingekommen wäre, den This an Kindesstatt anzunehmen, da erhob die Frau einen großen Lärm und sagte, sie sollten doch lieber einen von ihren drei Buben nehmen, die wären für den Senn eine ganz andere Hilfe und hundertmal mehr wert als der dumme This. Und die Buben schrien alle aus vollen Hälsen: „Mich! Mich! Mich!“ Denn sie wußten wohl, wie gut der Franz Anton war und was es in der Sennhütte für gute Dinge gab. Da half aber alles Schreien und Bitten nichts. Die Sennin sagte ganz ruhig, sie bleibe beim This, und sie kenne ihn schon, er habe mehr Herz und Verstand als mancher, der ihn „den dummen This“ nannte. Sie wollte auch die Buben warnen, den This weiterhin zu hänseln und auszulachen, sonst hätten sie es mit ihrem Sohn zu tun. Der rede dann mit seinen kräftigen Armen eine deutlichere Sprache mit den Buben, als es weitere Worte wären, die sei jetzt nicht verlieren wolle. Dann verließ die Sennin die Leute, die ihr alle ganz stumm und verblüfft nachschauten, und jedes der Kinder dachte im Herzen: Wenn ich doch nur der This wäre, der wird's gut haben wie ein König da droben in seiner Sennhütte. Wo aber von dem Tage an der This sich nur sehen ließ, liefen ihm die Buben alle nach, und jeder wollte sein bester Freund sein, sie mußten alle an den letzten Käsfischtag denken, da der This so übel behandelt worden war. Von nun an würde er ja gewiß alle Käsfische allein bekommen. Da ware doch jeder gut daran, der sein Freund wäre. Später waren sie allesamt gut daran; dem This machte es die größte Freude, die reiche Ernte der Käsfische unter alle zu teilen. Jedenfalls konnte er sich nie genug wundern, wie alle Kinder sich gegen ihn verändert hatten, daß ihn nie eines verfolgte oder verlachte. Da er nun vor keinem mehr bange war, kam zur Verwunderung aller Leute zum Vorschein, daß er auf einmal ein ganz flinkes, anstelliges Bürschen war, von dem jeder sagen mußte: „Entweder ist das nicht derselbe Bube, oder man hat niemals ein Recht gehabt, ihn ‚den dummen This' zu nennen.“ Sogar der Herr Pfarrer sagte nach einiger Zeit, sein liebster Schüler im Unterricht wäre jetzt der This, bei allem, was er antwortete, zeigte er einen klaren Verstand, und die anderen Buben könnten ihn allesamt zum Muster nehmen.

Inhalt

Rosenresli 3

In sicherer Hut 28

Vom This, der doch etwas wird 60